ほめられたい夫 愛されたい妻

男女の違いと夫婦の関係

松本雄司
Matsumoto Yuji

光言社

はじめに

昨年、『二人で学ぶ　うまくいく夫婦仲の法則』を出版したときは、正直なところ、少々気恥ずかしい思いでおりました。その後、思いもかけず、多くの方々から共感や激励の言葉を頂きました。感謝すると同時に、私自身がとても励まされました。さらに、現代のこの世相の中で、家庭問題、つまり夫婦関係、親子関係、子供の教育の面で悩みを持っておられる方が非常に多いこと、そしてまた、そのような観点からこの国の行く末を案じておられる方が大勢おられるのだということを、改めて痛切に感じさせられました。そこで、「ぜひ続巻を」との読者の声もあり、あえてシリーズ第二作を執筆することにしたものです。

さて、前著では、深刻な子供の問題を解決するためにも、また、激増する離婚と家庭崩壊を解決するためにも、すべての解決の鍵は夫婦関係の改善にかかっている、ということをお話ししました。そして、夫婦関係が険悪になる最も大きな原因が二つあること。その第一は、結婚した後に見えてくる相手の欠点や嫌な性格を変えさせようと要求し始めたときから起こる反発と葛藤《かっとう》で、これが悪循環に発展して破綻に至ること。第二は、男と女の心理上、生理上の根本的な違いをよく理解できないか、あるいは受け入れようとしないことから起こる誤解、行き違い、不信感で、これらが昂じて破綻に至ること。こういったことをお話ししました。

前著では、第一の原因をどのようにすれば克服できるのかということを、メーンテーマとしてお話ししました。したがって本著では、第二の原因、つまり男女の違いとそれが結婚生活に及ぼす影響について、できるだけ具体的事例を挙げながら、話を進めようと思います。

夫婦関係を考える上での問題提起として、第一章では、現代日本の家庭事情について知るために、結婚・離婚の実情をリポートします。男女の違いと夫婦の関係にのみ関心のある方は、第二章からお読みいただいても結構です。

私自身も、結婚生活の難しさに幾度か立ち往生し、いかにしたら仲の良い夫婦となり、理想的な家庭を築くことができるのかと、毎日自分自身に問い掛けながら人生の一歩一歩を歩んでいます。同じような気持ちを持つ方がおられて、より良い夫婦・親子・家庭を目指していく過程で、本著が少しでもお役に立てるところがあれば幸いです。

二〇〇三年二月六日

著者

ほめられたい夫　愛されたい妻　目次

①夫の行動を改善させようとする　②夫が願ってもいないアドバイスをする　③夫のありのままを受け入れない　④夫がやったことに感謝しないで不平を言う　⑤子供に言うように夫の行動を叱ったり指示する　⑥夫が何かを主導的に決定したことを批判する　⑦「だから言ったじゃないの」と言う

㈡　夫がおかしやすい失敗……129

①妻の話に耳を傾けない　②妻の愚痴を聞いてすぐ怒る　③妻の話に同情しないで、すぐ知的に忠告しようとする　④仕事や子供ばかり優先して、妻の欲求を軽んじてしまう　⑤話を聞いて何も言わない　⑥「あんたの言うことは筋が通ってない」

四、相手から喜ばれる態度……134

㈠　夫がこうしてくれると妻は嬉しい……134

①家に帰ったら、まず妻を探して声を掛ける　②きょう一日の妻の生活に関心を示す　③一日に最低二十分以上は妻の話を聞く　④話を聞いて共感してあげる　⑤妻が話をしている時はしっかり聞く

第一章　変わり行く日本人の家庭像

一、日本人の結婚観・家庭観の変化

時代をずっとさかのぼれば、江戸時代、明治時代は「家と家の結婚」で、親が薦《すす》める結婚に子が従うというのがごく普通でした。そして大正デモクラシー以後は、当人の意思を重視した「お見合い結婚」が主流となり、第二次大戦後は民主化の徹底で、家制度の解体、個人の人権尊重、男女平等、女性解放運動により、自由恋愛、自由結婚が謳《うた》われ、恋愛結婚が当たり前という風潮になりました。

しかし、戦後だけをとってみても、この数十年で日本は大きく変わったと思います。世代を経るごとに生活スタイルは変わり、物の考え方もどんどん変わっています。当然のことながら、結婚観、家族観というものも大きく変わり、離婚の急増と深刻な家庭崩壊という社会現象が起きて、今や家庭は大きな転換期に直面しています。

㈠「二十一世紀の日本人の意識」

今の家族や家庭に満足しているか

読売新聞の全国世論調査があり、その結果が同新聞二〇〇一年二月十六日付に掲載されました。「二十一世紀の日本人の意識」というタイトルの意識調査でした。その中に家庭、あるいは結婚に関しての項目があります。

「今の自分の家族や家庭に満足していますか?」という質問に対して、回答は次のとおりです。

「満足している」「非常に満足している」　四五・九%
「多少は満足している」　四二・〇%
「やや不満である」　九・三%
「非常に不満である」　一・六%
無回答　一・二%

しかし、この数字は模範回答というか、ちょっと出来過ぎの感もあります。なぜかというと、あとでお話ししますが、実際、他の多くの統計から見た日本の現在の家庭状況、特に夫婦の状況というものは、もっともっと厳しいと考えられるからです。

伴侶に何を期待するか

「あなたは伴侶に対して何を期待しますか？」。すなわち、夫は妻に、妻は夫に何をしてほしいですかという質問に対する回答は以下のとおりでした。

【夫が妻に期待すること】

1. 「子供の教育としつけ」
2. 「一緒に趣味やレジャーを楽しむ」
3. 「親や親戚と上手に付き合う」
4. 「家事をする」

【妻が夫に期待すること】

1. 「安定した収入」

2.「一緒に趣味やレジャーを楽しむ」
3.「子育てへの協力」
4.「自分を束縛しない」

離婚容認派の増加

「離婚についてどう思いますか?」という質問に対しては、
「どんな場合も離婚は避けるべき」　一一・五%
「努力して離婚はなるべく避けるべき」　四一・八%
以上合わせて、離婚反対派が五三・三%です。
「場合によってはやむを得ない」　三九・四%
「したいならすればよい」　六・三%
以上合わせて、離婚容認派が四五・七%です。
実は一九七九年にも全く同じアンケートを取っています。その時よりも「離婚はすべきではない」という否定派が一〇%減少。また「本人たちがしたいのなら別に構わ

表1　初婚年齢と生涯未婚率

年　次	生涯未婚率(%)		初婚年齢(歳)	
	男	女	男	女
1950年(昭和25年)	1.46	1.35	26.21	23.60
1960年(昭和35年)	1.26	1.87	27.44	24.96
1970年(昭和45年)	1.70	3.33	27.47	24.65
1980年(昭和55年)	2.60	4.45	28.67	25.11
1990年(平成2年)	5.57	4.33	30.35	26.87
1995年(平成7年)	8.99	5.10	30.68	27.69
2000年(平成12年)	12.57	5.82	30.81	28.58
2005年(平成17年)	15.96	7.25	31.14	29.42

ない」という容認派が一二％増加しています。

こういう点を見ても、結婚や夫婦ということに関する考え方がだいぶ違ってきています。これには欧米の影響も少なからずあると思います。

(二)　結婚しない症候群

日本の若者たちに新たな波が押し寄せています。「結婚しない症候群」です。「煩わしい結婚はしない。シングルで通す」という主義を持つ人がだんだん増えているのです。自分の生活をエンジョイする。やりたい仕事や趣味に生きるというのです。恋愛と同棲まではしても結婚はしないというのです。

晩婚の増加

表1は国立社会保障・人口問題研究所の「人口統計資料集」一九九九年版をもとに整理した「初婚年齢と生涯未婚率」です。この表をご覧いただいてもはっきり分かることは、男性も女性も初婚年齢が非常に高くなってきているということです。昭和二十五年には、初婚平均年齢は男性二十六歳、女性二十三歳であったものが、平成七年には、男性三十歳、女性二十七歳を超えています。

このような晩婚化は、必然的に出生率の低下を招く要因になっていると言えます。

生涯未婚者の増加

さて、問題は、「結婚が遅くなっている」ということだけではありません。全く結婚しない人もまた増加しているのです。先ほどの表の「生涯未婚率」の推移を見ればその現象が明らかです。「生涯未婚率」とは、五十歳の時点で結婚していない人の割合です。

一九六〇年頃までは、男性も女性も五十歳までに結婚しない人は百人に一～二人くらいでした。ところがその後、女性は一九七〇年代から、男性は一九八〇年代から増加を始め、一九九五年（平成七年）には、男性は百人のうち九人が、女性は五人が結婚していないという状況になっています。これは大変な増え方です。三菱総合研究所の研究では今後さらに上昇し、二〇一六年には現在より倍増して一九％になると推計されています。以前に比べれば恋愛も結婚も自由自在の時代になったのに、逆に結婚する人が減っている……という不思議な現象が起こっています。欧米諸国とは違い日本では婚外出生率は低いので、これも少子化に弾みを付けることになってきます。

「パラサイトシングル」の増加

「パラサイトシングル」という言葉を聞いたことがあると思います。三十歳を過ぎても親元に同居して独立しようとしない独身者です。現在日本では親と同居している独身者は一千万人以上。そのうちこの条件を満たす人は五百万人以上いると言われています。彼らの三分の二は親の家計に多少なりとも貢献しているし、経済的に余裕のある親と同居している人は半数と言われますから、みんなが独身貴族と言うことはできません。しかし、パラサイト（寄生）と言われるように、親に頼って生きている人たちが増加していることは確かなようです。

特に独身貴族と言われる人たちは、部屋代、水道光熱費、食事代も無料で、給料のほとんどを自分の好きなことに使えます。ブランドのアクセサリーで身を包み、スポーツカーを乗り回し、外国旅行をし、グルメを楽しむ。あるいは深夜までインターネットにふける。そういうリッチで自由な生活に馴染んでしまうと、「結婚してこせこせと節約し、中古の軽四輪に乗って、特売日のトイレットペーパーを買いに走るといった境遇にはなりたくない」のです。彼らの考えによれば、まさに「結婚は貧乏の始まり」なのです。

心理学者によれば、独身貴族は年齢は成人に達しているが、結婚生活に自信がないとか、精神的に自立できない状態であることが多いようです。実際、彼らに話を聞いてみると、「親の夫婦仲が悪かったので、結婚生活に希望を感じない」という人は少なくありません。いずれにせよ、彼らの生き方も結婚率を下げている原因の一つに数えられるでしょう。

入籍しない夫婦の増加

ドイツでは「入籍しない夫婦」が非常に増えています。日本でもこういう傾向は急速に進んでいますが、実は今ドイツでは大きな社会問題になっています。全く夫婦と同じような生活をしているのですが、正式な結婚はしない。日本で若い人がする一時的な「同棲」とは違うのです。はっきりとした結婚生活そのものなのですが、ただ籍を入れないのです。なぜそういうカップルが増えているのかと聞いてみると、結婚生活を始めた夫婦がうまくいかなくなったとき、離婚するにはキリスト教などの影響もあるし、いろいろと制約もあってややこしい。お互いに傷付くこともある。結婚して本当にうまくいくかどうか自信がないから籍は入れないことにしましょう、ということらしいのです。そういう夫婦には法的な保護はありませんから、一方が亡くなった場合、遺産相続の問題とか、保障の問題とか、多くの点で問題が生ずるわけです。日本ではまだドイツほどではありませんが、そのようなカップルは増えています。

(三) 深刻な少子化と超高齢化社会

少子化の実情

さらに今大きな問題になっているのが「少子化」という問題です。つまり、結婚して何人の子供を生むかということですが、次のデータは合計特殊出生率(一人の女性が一生涯に生む人数)の統計です。(厚生省大臣官房統計情報部「人口動態統計」より)

年次	合計特殊出生率
一九四九年(昭和二十四年)	四・三二人(第一次ベビーブーム一九四七~四九年)
一九七三年(昭和四十八年)	二・一四人(第二次ベビーブーム一九七一~七四年)
一九九九年(平成十一年)	一・三四人

一九四九年（昭和二十四年）は四・三二人でした。ところが五十年後、一九九九年には一・三四人にまで低下しました（二〇〇〇年は「ミレニアムベビーを」ということで出産ブームになったが、それでも一・三五人）。専門家によれば、日本の場合、一人の男性と一人の女性が結婚して、最低二・〇七人以上生まないと現在の人口を維持できないそうです。ところがそれが一・三四人しか生まないということは、日本の若年人口は急速度に減少していくということです。

今、小学校は一クラス何人くらいですか？　私の知っている大きい小学校でも一年生は一クラス三十三名です。私たちが子供の頃は一クラス四十五名とか五十名でした。小学校、中学校、高校までいつも学年が上がるごとに机を増やさないといけなかったものです。またクラスの数も多かったのです。私の高校時代は一学年が十一組まであリました。それから見たら、今は本当に少ないです。我々は団塊の世代と言われた時代ですから特別で、比較することには無理があるかもしれませんが、それにしても小・中学校の廃校、高等学校の統合が進み、大学が学生減少による収入減で経営困難になって、職員に限らず教授や講師のリストラも進んでいるというのが実態です。

少子化がもたらすもっと深刻な問題があります。これは家庭内の問題だけではないのです。実は日本という国にとって非常に深刻な問題です。戦争や災害がなくても、あるいは経済的な破綻がなくても、少子化がこのまま続けば、この日本民族というものが自動的にこの地上から消滅していくことになります。

表2　今後の推定人口

年　次	推定人口
西暦2000年	12,700万人
2100年	4,900万人
2500年	3,000万人
3000年	500人
3500年	1人

経済人口学の専門家である大淵寛中央大学教授によれば、日本の合計特殊出生率は一九七四年頃からずっと減少を続けてきましたが、特にここ数年間に予想以上の速さで出生率の低下が進行しており、今のままの低出生率が続けば、千年後には日本人がこの地上から消滅しかねない、ということです。ちなみに今、日本の人口は約一億二千七百万人です。

表2は、今のままの低出生率が続いた場合の試算の一例です。低出生率が今のまま続けば百年後、二一〇〇年には統計上、日本の人口は半分以下の四千九百万人になるとい

表3　年齢別の推定人口

年 次	日本総人口	0～14歳	15～64歳	65歳以上
2000年	12,693万人	1,851万人	8,638万人	2,204万人
2050年	10,059万人	1,084万人	5,389万人	3,586万人
2100年	6,414万人	842万人	3,485万人	2,087万人

うのです。さらに二五〇〇年には三千万人、紀元三〇〇〇年には五百人、そして三五〇〇年には一人になります。したがって日本民族消滅ということになります。では、早く出生率を上げればいいじゃないかと言われるかもしれませんが、実際には、いったん減少の流れが続くと、その傾向はなかなか変わらないのが世界の実情だそうです。大淵教授によれば、人口減少が止まり人口が安定化する合計出生率を置換《おきかえ》水準と言い、その場合に必要な合計特殊出生率が二・〇七～二・〇八人だそうです。問題は、いつの時点で出生率がそこまで回復できるかということになりますが、国立社会保障・人口問題研究所では、二〇五〇年時から合計特殊出生率が置換水準の二・〇八に回復できた場合の推定人口を表3のように推計しています。

いずれにせよ、大きな問題であることには変わりありません。

超高齢化社会の国民負担

「そんなことずいぶん先のことじゃないか、我々には関係ない」と思われるかもしれませんが、そんなに先ではなく、すぐ目の前にも大きな問題が控えています。それは、超高齢化社会が来るということです。日本は今まで世界中のどの国もかつて経験したことがないスピードで超高齢化社会に向かっていると言われます。それがピークになるのが西暦二〇二五年頃です。若者が少なく老人が非常に多い社会構造になります。そうすると、その時代の国民負担率は、大変な数字になります。

「国民負担率」というのは、簡単に言えば自分の全収入に対して公的に納めなければならないお金の比率です。必ず払わないといけない税金、医療保険料、公的年金の保険料です。つまり、お年寄りや国全体を支えるために国民が負担すべきものです。もちろん累進課税で、高所得者は率的に多く負担し、低所得者の負担率は少ないので、国民全体の平均負担率です。高齢化社会のピークになると言われている二〇二五年頃には一体どのくらいの負担率になるのか、その数字について経済ジャーナリスト浅井隆氏は次の二つの資料を挙げています。

まず第一の資料は、一九九六年十一月の旧経済企画庁総合計画局の「経済審議会財政・社会保障問題ワーキンググループにおけるシミュレーション結果について」です。

表4　国民負担率の推計

	1994年現在	約30年後	2025年予測
旧経済企画庁の試算	35.8% (39.2%)	→	51.5% (70%)
旧通産省の試算	(1995年現在) 36.7% (44.1%)	→	60% (92.4%)

一九九四年の国民負担率三五・八%が、二〇二五年には五一・五%にまで上昇すると予測しています。しかしこれは、いずれ何らかの形で国民が負担することになる国の借金、すなわち財政赤字の分が考慮されていない数字なので、実質的な負担率はそれを加えた「潜在的な国民負担率」を見なければならないと言われます。表4の括弧内の数字は、国民負担率に一般財政赤字比率を加えた「潜在的な国民負担率」ですが、それによれば一九九四年が三九・二%で、同資料は二〇二五年には「七〇%を上回る」と述べています。

第二の資料にはもっと明確に数字が示されています。旧通商産業省産業政策局の行ったシミュレーションである「産業構造審議会基本問題小委員会、中間とりまとめにおける試算」によれば、一九九五年現在の国民負担率三六・七％が、二〇二五年には六〇％になると予測されています。さらに、「潜在的な国民負担率」は一九九五年が四四・一％ですが、二〇二五年には何と九二・四％になると予測されています。いずれのデータをとっても恐ろしい数字です。

ちなみに、既に老人国家の構造になっているノルウェーやスウェーデンでは消費税は二〇％という状態ですが、将来の日本では消費税を二五％にしても追いつかないと言われています。今我々は五％でも高いと感じているでしょう。これが二五〜三〇％になったら、果たしてそういう社会で我々は生きていけるのでしょうか？　若い人はどんどん国外に出て行くでしょう。また、企業は法人税を逃れるために本社をタックスヘブン（租税回避地）の外国へ移すということになるでしょうし、既にその兆候は現れています。

少子化が招く日本産業の衰退

少子化と高齢化がもたらす大きな問題は、若年労働力の不足です。若い労働人口が減少するので、国内労働力は賃金が高くなる。そうすると製品のコストが高くなって、日本製品の国際競争力が落ちてしまう。かつて世界一～二位と言われた日本製品の国際競争力は、今や十五～十六位に落ちています。高度経済成長期の日本製品は、「品質が良くて安い」という利点のために、「作れば売れる」というほどの好景気に恵まれました。しかし今、企業は生き残りを懸けて、賃金の安い中国や東南アジア諸国に工場を移転して低コストの製品を生産することに必死です。このままでは日本の産業は空洞化し、国内の職場がどんどんなくなってしまいます。

安い労働力の不足を解消しようと思えば、外国人労働者を大量に受け入れなければなりません。一方で、外国人の凶悪犯罪が多発し、治安の悪化に拍車を掛けているという問題も抱えながら、それをも大きく消化していくだけの開かれた国際感覚と、多人種社会を良しとする覚悟が必要になります。

いずれにせよ、生産力の老衰化によって起こる、日本の工業先進国からの没落を防ぐためには、少子化問題を必ず克服しなければなりません。

私たち、家庭再建運動をする者は、「仲の良い夫婦になって、たくさん子供を生みましょう‼」ということを提唱しています。子供をたくさん生むことは、私たち家族にとって幸せであるだけではなく、日本の将来の発展にとって大切な問題なのです。

戦前に生まれた方は兄弟姉妹が多いです。だいたい平均六、七人は兄弟姉妹がいました。医学が今のように発達していなかったので、乳幼児の死亡率が高かった時代ですが、子沢山の家庭は珍しくありませんでした。戦後はぐっと少なくなり、特に最近は一人っ子、二人っ子という家庭がほとんどです。

〝なぜ子供を生まないのか〟と理由を聞いてみると、答えは非常に率直です。

「子供をたくさん生むと、自分たちの自由な時間がなくなる」

「教育費がかさんで、お金がなくなってしまう」

「自分たちの生活をエンジョイしたい」

と言うのです。

確かに子育てには時間も労力も掛かります。だからたくさん生みたくないというのです。しかしこれは現代ならではの発想です。

もう一つは、教育費です。特に日本人は教育費を非常に神経質に考えます。学歴社会ということもあるのでしょうか、あるいは大学まで出さないと世間体が悪いと思うのかもしれません。

ちなみに、「一人の子供を保育園から大学まで出すといくら掛かるか」というシミュレーションがあります。大体一千万～二千万円掛かります。夫の定年までの総収入が計算上出てくるので、その中で教育費に充てられるのはいくらぐらいかという数字が出ます。そうすると人生設計としては、やはり二人が限度だなということになるのでしょう。そういったことから、せめて子供は二人欲しいという夫婦が大多数です。ところが、お子さんが欲しくても生まれない方もいるので、結局、全体としては減ってしまうのです。

さらに、別な要因を挙げれば、最近は昔のように「家系を存続するため、男の子が生まれるまで生む」というような考えが少なくなったこと、また、若い世代の結婚後の夫婦仲があまり芳しいとは言えず、離婚や別居が多いことも少子化の一因と言えるでしょう。

中高校生の結婚願望

二〇〇一年七月三十一日、文部科学省所管の財団法人「日本青少年研究所」が発表した米・仏・日・韓の四カ国にまたがる中高校生対象の国際アンケート調査によれば、「結婚は必ずすべきだと思うか」という質問に対して、「イエス」と答えたのは、米国八割、フランス五割、韓国三割に比べ、日本の中高校生は二割でした。特に、女子中高生に至っては、八六％が「必ずしも結婚しなくてもよい」と回答しています。

実際には、回答した中高校生も大人になれば大半はやはり結婚するのでしょうが、それにしても日本の歴史上、若い世代の結婚願望がこれほどまでに希薄になったことはかつてないでしょう。

一方、別のアンケート調査では、東京都の高三女子生徒の性体験率が五〇％を超えたことが報告されています。大学生の同棲が当たり前のようになっている現状とも照らし合わせてみれば、「性生活はエンジョイするが、結婚生活にはあまり関心がない」という構図が浮き彫りになってきます。この意識傾向は結婚生活での夫婦不和、家庭崩壊の増加に拍車を掛けています。

二、夫婦関係の破綻は何を招くか

夫婦関係の破綻が本人や子供たちにどのような影響を与えるのか、という問題について、元米国厚生省事務次官補で、現在、ヘリテージ財団の家庭・文化問題部門上級特別研究員であるパトリック・Ｆ・フェイガン氏の意見に耳を傾けてみようと思います。フェイガン氏は日本にも招かれて講演やシンポジウムも行われたので、ご存じの方もおられると思います。（以下は、一九九九年四月、東京・大阪で行われた国際教育シンポジウム「教育と家庭をどう再建するか～米国からの提言～」による）

(一)　同棲経験は結婚生活にプラスかマイナスか

「できちゃった婚」という言葉が数年前から、よく聞かれるようになりましたが、日本でも未婚男女の同棲が非常に増えています。「よく相手を知った上で結婚できる」「性生活にも習熟して結婚するほうがうまくいく」というようなことが、まことしやかに言われていますが、現実のデータは、それとは全く反対の結果を示しています。

フェイガン氏の研究によれば、同棲経験者の離婚確率は、明らかに高くなるそうです。結婚前に同棲経験のない男女が結婚して、その夫婦が離婚する確率を基準値とした場合、同棲経験のある男女が結婚したときの離婚に至る割合は次のような比率になります。

A．結婚した相手とかつて同棲していた夫婦の離婚率はその二倍

B．結婚した相手以外の人と同棲していたことがある夫婦の離婚率はその四倍

こういう事実を考えてみれば、強い信頼で結ばれた夫婦、明るく幸せな家族関係を

築くには、やはり、結婚前の性交渉や同棲は慎むべきであると言えます。

(二) 結婚の破綻が子供に与える影響

フェイガン氏の研究によると、結婚生活の破綻が子供の成長に与える影響は想像以上に大きく深刻です。別れる前であれ、別れた後であれ、父親と母親が罵《のの》り合うような環境に置かれた場合には、子供は心身両面において影響を受けます。具体的に列挙すれば、親の結婚生活が破綻した場合、次のような影響が顕著に現れてくるということです。

・新生児の健康状態が悪化し、幼児の死亡率が高くなる。
・知能、とりわけ言語能力の発達が遅れる。
・学校の成績が下がる。
・仕事を達成する能力が低下する。
・行動上の問題が増加する。

・衝動を抑える力が低下する。
・社会性の発達が歪《ゆが》められる。
・福祉への依存度が高くなる。米国では今日、福祉に依存している子供の九二％は崩壊した家庭の出身である。
・地域社会における犯罪が増加する。
・肉体的または性的な虐待を受ける危険が増加する。

(三) 両親の離婚が子供に与える影響

アメリカでは、その年一年間に両親の離婚を経験した子供の人数は、一九五〇年に二十五万人であったのが、一九七〇年代に急増して、現在では百十万人に上るそうです。また、離婚した片親とともに住んでいる子供は、一九九三年の時点で七百五十万人いたのが、現在は八百十万人に増えています。研究の結果、両親の離婚は次のようなリスクを増加させているとフェイガン氏は指摘しています。

・両親に対する愛情が減退し、後に結婚に対して好悪相半ばする感情を持つようになり、結婚する前に同棲する可能性が高くなる。
・友人や将来の配偶者との間に生じる葛藤を処理す《と》る能力に欠《う》ける場合が多く、その結果、離婚の可能性が高くなる。
・女子の間では一層この傾向が強くなる。
・子供が十代の時に両親が離婚した場合には、簡単にフリーセックスに陥りやすくなる。十代の少女の妊娠が増加し、十代の少年は怒りに任せて暴力を振るうようになる。
・仲間たちとうまくいかなくなり、社会的不安や拒絶される恐怖を感じやすくなる。
・家庭の収入がかなり下がるために（二八～四二％）、住居を変えざるを得なくなる。必然的に隣人関係も変わることになる。
・少なくともしばらくの間は、学校の成績が下がり、学校での総合的な実績が下がる。
・長期的には、身体的健康が弱くなり、寿命が短くなる。
・麻薬の濫用が増加し、喫煙も増加する。

(四) 結婚の破綻が本人に及ぼす影響

さらに、アメリカほど離婚・再婚が日常的に行われる社会であったとしても、結婚生活の破綻は、本人たちに大きな影響を与えているとフェイガン氏は言います。

・平均余命の短縮……離婚した白人男性が早死にする割合は、結婚している場合の四倍。
・肉体的健康の悪化。
・精神的健康の悪化。
・経済的状況の低下。

以上のような調査結果は、アメリカでのことであり、日本にすべてが当てはまるとは言えないかもしれません。しかし、これらの内容が決して他人事ではないということは、教育・医療・警察・法務などに従事している人、あるいは、家庭問題のカウンセリング等の現場に携わっている方なら誰でも身に染みて感じていることです。少なくとも今、日本は家庭問題を中心に、歴史的にも大きな曲がり角に来ていることは間違いありません。人類の誕生以来、「家庭」は社会と国家の基礎であり、家庭倫理の崩壊が一文明国家の衰亡をもたらすことは歴史がよく示すところです。また、家庭が崩壊したとき、家族の幸福も、地域社会も、国家も、大きな危機に直面することになることは、現在既に我々が経験し始めているところです。

では、そのような家庭崩壊はどこから始まるのかというと、結局夫婦関係の破綻からであることは言うまでもありません。したがって、今こそ正しい家庭づくりのための、より良い夫婦のあり方をもう一度真剣に考えなければならない時に来ているのではないでしょうか。

どのようにすれば夫婦が仲良くなることができ、どのようにすれば険悪な関係に陥るのか、そこには必ずポイントがあるはずです。夫婦間の愛情に関する法則を共に探し、学ぶことが、まさに本書の目的とするところです。

三、夫婦の愛は何年もつか

さて、ここで次の話題に入りたいと思います。「夫婦の愛は一体何年もつだろうか?」。これはアメリカの人類学者ヘレン・E・フィッシャー氏のとても面白い研究です。

「夫婦の愛は何年もつか?」――これを動物学的に考えてみようというのです。もちろん動物と人間は違います。しかし人間も動物的な側面を持っていますから、当てはまる部分もあるだろうというのです。

動物で考えてみると、鳥なら春に求愛行動をしてつがいになり、交尾して卵を産んで、親鳥が温めます。ヒナがかえって、羽根が生えそろって成長するまでは、オスは一生懸命、せっせとエサを運びます。そして夏が来ると成長したヒナたちは巣立ちをしていきます。子供たちが巣立ちすると、その夫婦関係も自然解消です。ほかの動物も、大体はそうです。もちろん、中には象や鯨などのように、いったんカップルになったら何年間もそのカップルで暮らすという高等な動物もいますが、たいがいの動物は繁殖期だけの夫婦関係です。

そこで、これを人間に当てはめてみると、人間もカップルになって子供を生んで、その子が乳離れするまで、妻はどうしても夫の手を必要とします。最低、乳離れするまでは、夫の協力がなかったらやっていけません。その間は父親の助けが必要な期間になります。

フィッシャー博士は、現代人が結婚して子供を生んで乳離れするまで育てるのに平均何年かかるかを計算しました。そうすると平均四年だというのです。

ところで、世界六十二カ国で調査した国連統計によれば、離婚のピークはいつから始まるかというと、結婚して〝四年目から〟だというのです。四年目からどっと増えるわけです。そうすると、子供を生んで乳離れするまでは何とかもっているが、それ以後、夫婦関係を維持するのは簡単ではないということが分かります。

動物学的な観点から見て、現代の人間は夫婦がお互いを絶対に必要とする期間はせいぜい四年間くらいだというのです。

言うまでもなく、人間の夫婦はただ子供を生むだけが目的ではありません。一生涯愛の伴侶として仲良くしていかなければなりません。

そうすると、そこから導き出されてくる教訓は、「夫婦の愛を四年以上続かせようとすれば、それ相当の努力が必要である」ということになるのではないでしょうか。

四、離婚の理由

(一)　急増する離婚

結婚の件数はほとんど変わらないのに、離婚の件数だけが恐ろしい勢いで増えています。

以下は、厚生労働省「人口動態統計報告書」による婚姻件数及び離婚件数のデータです。分かりやすくするために十年おきにデータを並べてみます。

表5のデータの中で、一九七〇年の結婚件数が特に多いのは団塊世代の二世の結婚ラッシュ期に当たるためですが、通常は一年間に結婚するカップル数はほぼ七十万〜八十万組です。しかし婚姻件数に比べて離婚件数のほうはどんどん増え続けています。

表5　婚姻件数と離婚件数

年　次	婚姻件数	離婚件数
1960年（昭和35年）	866,116件	69,410件
1970年（昭和45年）	1,029,405件	95,937件
1980年（昭和55年）	774,702件	141,689件
1990年（平成2年）	722,138件	157,608件
2000年（平成12年）	798,140件	264,255件
2010年（平成22年）	707,334件	253,353件

終戦から十五年たった一九六〇年（昭和三十五年）の時点では、日本全体の一年間の離婚するカップル数は約六万九千組でした。それが四十年後の二〇〇〇年には二十六万四千組に達しています。一九七〇年代にも増えましたが、特に九〇年代以降ものすごい勢いで離婚の件数が増えています。そして、二〇〇一年には、遂に二十八万五千件を超えました。

二〇〇一年の一年間に結婚したカップル数は八十万組です。それに対して二十八万組という離婚の数は驚くべき数字です。

これは法的離婚の件数ですが、法的離婚には至らないが、別居や家庭内別居のような状況であるとか、夫婦が険悪な状態にあるという家庭は相当数に上ると思われます。そう考えると、今は、夫婦がうまくいっている家庭のほうがむしろ少ないということになってしまいます。

(二) 別れる理由

誰でも結婚するときは、仲の良い素敵な夫婦になりたいと夢を描いて結婚します。皆さんも結婚式のときのことを思い出してみてください。恋愛結婚、見合い結婚、できちゃった婚……いろいろな形の結婚があるでしょう。誓いの仕方も神前、仏前、あるいはチャペルでといろいろな誓い方があるでしょう。しかしどんな形であれ、結婚式のときの二人の夢と希望があったはずです。

〝仲の良い夫婦。やがてかわいい子供たちの誕生。楽しい一家団欒《だんらん》。……周りからも羨ましく思われるような温かい家庭を築いて幸せになりたい〟と思わなかったでしょうか？　思わなかったら、結婚はしなかったでしょう。ところが一年、三年、五年と経っていく中で、なかなか思いどおりにいかない。やがて夫婦の葛藤《かっとう》が始まり、そして悩んだ末に離婚にまで至ることもあります。

そこで、離婚に至る理由について少し調べてみましょう。世界の統計と日本の統計では、動機・理由が少し違います。世界にはいろいろな国があります。宗教的国家もあれば唯物論の国もあり、宗教も多種多様です。あるいは先進国も開発途上国もあります。そういう中で、世界的な離婚の理由は何でしょうか？

世界全体の傾向を国連の統計から見てみましょう。

世界的な離婚の理由……（国連統計より）

1. 不倫
2. 不妊
3. 暴力
4. その他の理由（性格が嫌、行動が理解できない、怒りっぽい、嫉妬深い、おしゃべり、意地悪、無礼、妻の怠惰、夫の甲斐性無し、性的放置、喧嘩好き……）

三大理由の第一は「不倫」です。夫の浮気は比較的寛容に見過ごされるのに対して、妻の不倫は即、離婚理由にされるという傾向が世界ではいまだに残っています。

二番目が「不妊」。日本では今どきこれを理由に離婚されるということはめったにないでしょうが、江戸時代や戦前にはいくらでもありました。悲しいことに、世界全体では、いまだにそういう理由によって離婚されるという国がまだ多くあるということです。

三番目は「夫の暴力」。これは昔からの課題ですが、最近は生命に関わる事例も多くなり、ドメスティック・バイオレンスが今、社会問題としてクローズアップされています。

日本人の離婚の動機（申し立て理由）……（厚生労働省「離婚に関する統計」）

日本人の離婚の動機はどうかということで、私も改めて厚生労働省の資料を調べてみました。申し立て理由から離婚の原因を推察できます。

家裁調停における申し立て理由を挙げてみましょう。

【夫側の申し立ての理由】

1.「性格の不一致」。これは日本では一番多い。特定の理由はないが、要するにうまくいかなかった場合は、こういう理由になります。

2. 「異性関係」。最近は夫との関係が冷えて起こる妻の「婚外恋愛」や「プチ不倫」が思わぬ結果へとつながるケースが増えています。

3. 「家族、親戚との折り合い」。妻がどうしても夫の両親とうまくやっていけない場合、「あなたは私と親とどっちを取るの?」と迫られて、夫は親を取るか妻を取るかという難しい状況に追い込まれ、「親を捨てるわけにはいかない」と、やむなく離婚に至るというケースも多い。

4. 「妻の浪費」。本来生活の便宜を図るためのカード決済や簡単に借りられる消費者金融のシステムも、一歩誤れば借金地獄を生み、それが家庭破綻という大きな悲劇を招いています。

5. 「異常性格」。「ひどい形相で夫を罵倒するような女性とは到底一緒にやっていけない。彼女は異常性格です」という夫の嘆きを聞くことが多くなりました。ただ、この点については、私は女性を弁護しておきたい。なぜかというと、奥さんが本当の異常性格だというのではなく、要するにヒステリー現象の場合が多いと思うからです。一般的に女性は情的ですから、夫婦関係がうまくいかず険悪になれば感情的になるし、ヒステリーになります。その時の言動を男性から見て、「異常性格だ。こんな女性とはやっていけない」と思うのも無理はありませんが、元々、異常性格者がそんなに多いわけがありません。

6．「精神的に虐待する」。これは意外に思われるかもしれませんが、女性のヒステリックな言葉の攻撃に男性は耐えられないことがあります。女性は不満があると、際限なく愚痴と皮肉と罵《のの》りを繰り返すことがあり、外での仕事のストレスを癒すために帰る家庭がそうなれば、夫にはもはや安らぎの場が無くなります。

7．「性的不満」。妻が性生活に応じない場合、男性にとっては結婚生活を継続することが難しくなります。

【妻側の申し立ての動機】

1．「性格の不一致」で、夫と同じです。厳密に言えば、「性格の違い」が夫婦の一体化を阻害するのではなく、「価値観の相違」です。夫婦がお互いに理解と協力の関係を築くのに失敗したということになります。

2．「夫の暴力」。欧米に次いで日本でも生命に関わる事件が増加中であり、ドメスティック・バイオレンス問題として、公的機関の対応も必要になっています。

3．「異性関係」。言うまでもなく、夫の浮気、愛人関係による夫婦関係の破綻。「そもそも男っていうのは浮気者なんだ……」と言う人もいますが、実際のケースを見ると、妻には何の不足もなく夫だけが問題というケースは少なく、夫婦関係が冷えて、夫が妻から得られなくなった安らぎを他の女性に求めるといった場合が多いようです。これは逆の場合、すなわち「妻の不倫」も同じであり、対策は夫婦仲を良くするということに尽きます。

4．「生活費を渡してくれない」。夫が働かず収入がないというケースだけではなく、不仲になり反発から、あえて妻に渡さないという事例も多い。

5．「精神的に虐待する」。夫婦が険悪な関係に入ると、互いに傷付け、傷付けられる関係になりますが、妻から見れば「精神的虐待を受けた」ということになります。

6. 「夫の浪費」。競輪・競馬・競艇からパチンコ依存症、マニアックな趣味などが遊びの域を超え、借金しながらも続けるようになると「ビョーキ」の域に入ってしまいます。しかし、その根底には、結局夫婦仲がうまくいっていないことから来るストレスがある場合が多いのです。

7. 「家庭を捨てて顧みない」。夫婦の感情的対立が続くと、夫が家庭内の用事や家事・育児に一切協力しないようになり、ほとんど家に居ないようになってしまう。妻としては我慢できない状態になります。

以上、離婚の動機理由について見てきましたが、結局、夫婦の間で仲の良い関係をつくり出すことができていれば、解決できたであろうと思われることがほとんどです。したがって、夫婦はなぜうまくいかなくなるのか、どうすればお互いに相手を尊敬し、感謝でき、愛し合える関係を築けるのか、そこが一番大事であるということになります。

五、男女の心のすれ違い

あるとき、二十三回結婚したという女性がテレビに出ていました。そんな人がいるのかと、私も耳を疑いました。それだけ結婚したということは、別れた数もそれだけあるということです。そんなに結婚しては別れ、結婚しては別れしたのであれば、随分その人はいいかげんな気持ちで結婚しているのではないかと思うのですが、インタビューを聞いてみると至って真面目なのです。その時その時は本気で結婚するのですが、なぜか続かない。「なぜ、こんなにうまくいかないのでしょう?」と言うのです。その人の告白、嘆き、悩み、これはもっと広い意味で我々すべての夫婦に当てはまるのかもしれません。

やはり、結婚生活がうまくいくにはそれなりの法則がありり秘訣がある、また結婚生活が破綻するにも共通の原因があり法則がある、というのが二十年間研究してきた私の実感であり結論です。

夫婦関係が険悪になる最も大きな原因は、以下の二つです。

1. 結婚後、「相手の欠点や嫌な面」が見えてきたとき、相手を変わらせようとする。そこから、夫婦関係が険悪になっていく。
2. 「男性と女性の違いを理解できないか、それを受け入れようとしない」とき、夫婦の間に誤解と不満が生じ、昂じて破綻に至る。

第一の問題については、既にシリーズ第一作『二人で学ぶ　うまくいく夫婦仲の法則』で詳しく扱いましたので、そちらをぜひご一読ください。この巻では、第二の問題について詳しく扱うことにします。

さて、根本にあるのは、「男女の心のすれ違い」という問題です。ちょっとしたことから始まるのです。あるとき、テレビで女性弁護士が講演をやっていました。何千人という離婚相談に対応してきたそうですが、その人が言うには、法的離婚に至るまでのいきさつは、百人いれば百人の事情は違う。ちょっとしたことから行き違いが生じ、ずっと悪循環を繰り返して、もう顔も見たくないというまでになってしまう。しかしほとんどに共通していることが一つある。最初に起こってくる現象は、「夫婦の会話がなくなる」という状態だというのです。会話の断絶から始まって悪循環を重ねていって、最後は離婚に至るというのです。会話がなくなるというのは怖いことなんだなと改めて思いました。

日常生活の中で、お互いに気に入らないことや、カチンと来ることがしばしばあります。そうすると、物を言わなくなります。特に男性には多いでしょう。女性は気に入らないことを全部言葉にできるのです。ああいうのが気に入らない、こういうふうに気に入らない、と全部話せる人が多い。これは女性の特技ですが、男性でそういう能力を持つ人は少数です。ムッと来たら、もう口を利かない。しかしその場合、ご主人が一週間口を利かなくても、奥さんがいつものように話し掛けたり、おしゃべりをしている分にはまだいいのです。ところが奥さんも愛想を尽かして、「そっちがそうなら、こっちも」と両方がしゃべらなくなると非常に難しくなります。完全に会話の糸口がなくなりますから、お互いに相手に対して不満が渦巻き、不信感や恨みがどんどん増幅して悪いほうに循環していくことのほうが多いのです。したがって、両方とも口を利かないということは極力避けたほうがいいようです。ちょっとした抵抗のつもりがだんだん大きくなって、悲劇的な結果になるということが少なくありません。

すれ違いにもいろいろなすれ違いがあります。本書のメーンテーマは「男女の違いと夫婦の関係」です。よく研究してみると、男と女ではこうも違うものかということに気が付くのです。そして次のショックは、いかにお互いにそれを分かっていないかということです。

私たちはお互いに相手のことを「知ってるつもり」でいます。先日、長野で講演したときに、六十五、六歳の老夫婦が、「おれたちはもう夫婦のベテラン。四十年も連れ添っているばあさんのことなんか知り尽くしているわい」、奥さんも「自分の夫のことはもう髪の毛の数まで分かっとりますわい」と、それくらいに思っていたというのです。ところが講演の後、ご主人が「いやあ、女というのは男と違うんですなー」

と言うのです。奥さんも「ふーん、男っていうのはそんなふうに考えるものかねー」とひとしきり話していました。私たちは知っているつもりですが、実は分かっていないことがたくさんあるのです。

例えば、こういうことがあります。

女性側の不満を聞きますと、「夫が自分の問題を話してくれない」「夫が何を考えているのかよく分からない。感情を表現してくれない」という悩みをよく聞きますし、最も多いのは「自分の話をよく聞いてくれない」という不満です。ほとんどの女性はこういう悩みを持っています。ところがご主人に聞いてみると、「とんでもない。いやというほど聞いてますよ」と言います。ここにも、既にお互いの思いのすれ違いが芽を出しています。

一方、男性の多くが持っている不満のなかに、「せっかくの休日にも、妻が自分の趣味に付き合ってくれない」というのがあります。日曜日や連休に家族サービスをするというと、夫がすぐ考えるのは「どこかに連れて行くこと」――山に行く、海に行く、映画に行く、野球を見に行く、テニスをしに行く、ボウリングに行くと、どこかに連れて行くことを考えるのです。

「今度は久しぶりの連休だから家にいて、二人でじっくり話そうね」と言う夫はいますか？　もしそういうことを言ってくれたら、奥さんは「バンザーイ」と言います。それを求めているからです。ところが男は夢にだに、それが妻の満足する世界だとは思いません。いろいろな所に連れて行ってあげたら、妻や子供は「愛されている」と感じてくれるだろうと思うのです。

ハリー・ブロッドという社会学者によれば、「男性が求める親密さと女性が求める親密さは違う」そうです。男性は感情的な親密さというものを、一緒に働いたり一緒に遊んだりすることを通して得ようとするし、得られると思っています。女性はどんなに一緒にあちこち動き回っても、それだけでは絶対に満足できないのです。連休中、夫は妻や子供を山や海へドライブに連れて行ったり、へとへとになるまで頑張った。これだけ家族サービスをやったからもう十分だろうと思うのですが、妻は「あー、疲れた」と言うだけです。「これ以上、何の文句があるんだ」と言いたくなるかもしれませんが、妻には「つまんない」という気持ちがあるのです。それをご主人はご存じでしょうか？

なぜかと言うと、妻は夫からどういうときに愛情を感じるかというと、妻の話をよく聞いてくれて、同情してくれたり理解してくれたり褒めてくれたり、あるいは夫も自分のことを話してくれて、そうやってコミュニケーションができて、夫との愛情を確認するときに、夫から愛されていると感じるのです。

もちろんドライブに行ったその車の中で、奥さんが二、三時間ずっとおしゃべりして、それを「うん、なるほど、そうなの」とよく聞いてくれた、そういう場合はいいのです。

つまり、男はドライブに行ったりスポーツをしたりするときに、妻がそばにいてくれれば楽しく感じます。しかし、女性は向かい合って話を聞いてほしいのです。この点だけでも、本当に男性と女性は違いがあります。そしてそのことをほとんど分かっていない場合が多いのです。

その点では男性には理解できない女性の心理があります。夫は厳しい仕事の世界でストレスを感じて家に帰ってきます。家に安らぎと癒しを求めて帰ってきます。ところが奥さんから機関銃のように次から次にいろいろな愚痴を聞かされると、つい、「うるさい！　家に帰ったときくらい静かにしてくれ！」と怒ってしまう。すると奥さんはまたストレスが溜《た》まって、「この分からず屋！」。こうなるのです。なぜ、こうなるのか、後ほど詳しくお話ししましょう。

六、相手のことをどれだけ知っているか

そこで、私たちはお互いに相手をどれくらい知っているだろうか、という自己診断テストをやってみましょう。以下の「私の知っている夫」「私の知っている妻」という空欄に答えを記入してみてください。時間は二十分です。

採点の仕方

答えを知っている人は、ご主人であり、奥さんです。これを渡して○か×を採点欄に書き込んでもらいます。そして点数を付けてください。○印一個が五点で、二十問ですから一〇〇点満点です。

自己診断テスト（女性用）「私の知っている夫」

質　　問	解答欄	採点欄
1．夫の誕生日	（　月　　日）	
2．二人の結婚記念日	（　月　　日）	
3．夫の靴のサイズは？	（　　　cm）	
4．夫の好きな食べ物		
5．夫の嫌いな食べ物		
6．夫の好きなテレビ番組		
7．夫の好きな歌		
8．夫が困っている持病		
9．夫の好きな友達の名前		
10．住居のことで、夫が願っている事		
11．夫が行きたいと思っている所		
12．子供の事で夫が一番悩んでいる事		
13．仕事のことで夫が悩んでいる事		
14．夫が好きなあなたの長所		
15．夫が嫌いなあなたの短所		
16．結婚後、あなたがしたことで夫が一番嬉しかった事		
17．夫があなたにしてほしいと思っている事		
18．あなたの両親・親族のことで夫が悩んでいる事		
19．結婚後、夫が一番悲しかった事		
20．夫は「離婚したい」と思うほど悩んだことがあるでしょうか？	（あると思う・ないと思う）	

自己診断テスト（男性用）「私の知っている妻」

質　　　問	解答欄	採点欄
1．妻の誕生日	（　月　日）	
2．二人の結婚記念日	（　月　日）	
3．妻の洋服のサイズは？	（　　号）	
4．妻の好きな食べ物		
5．妻の嫌いな食べ物		
6．妻の好きなテレビ番組		
7．妻の好きな歌		
8．妻の困っている持病		
9．妻の好きな友達の名前		
10．住居のことで、妻が願っている事		
11．妻が行きたいと思っている所		
12．子供の事で妻が一番悩んでいる事		
13．家計のことで今妻が悩んでいる事		
14．妻が好きなあなたの長所		
15．妻が嫌いなあなたの短所		
16．結婚後、あなたがしたことで妻が一番嬉しかった事		
17．妻があなたにしてほしいと思っている事		
18．あなたの両親・親族のことで妻が悩んでいる事		
19．結婚後、妻が一番悲しかった事		
20．妻は「離婚したい」と思うほど悩んだことがあるでしょうか？	（あると思う・ないと思う）	

さて、点数を伺います。

（1）九〇点以上を取った方は、ご立派です。きっと日頃からご夫婦でよく話をされる方でしょう。

（2）八〇点以上の方は、一応合格です。夫婦仲も比較的良いでしょう。

（3）六〇点未満の方は、要注意です。愛情を持っていないとは言えませんが、もっと相手のことに関心を持つべきでしょう。コミュニケーションをよくしないと、相手の深い気持ちや、何を悩んでいるのかは分かりません。

いかがでしたか。やってみてひやりとした方もいるでしょう。ここに書いてあることは最低限の基本的なことです。いかに相手の心の世界が分かっていないかを感じた方もおられることでしょう。「知ってるつもり」で一生涯すれ違いのままで生きていくのも悲しいことですから、この際、しっかり研究してみましょう。

第二章　男と女の違いと結婚生活

さて、本書のメーンテーマ、「男性と女性の違いと、それが夫婦の関係に及ぼす影響」について考えてみましょう。

夫婦の間がうまくいかなくなる原因は、「こんなはずではなかった」、つまり相手に対する失望から始まります。

奥さんから見ると、結婚前、夫は優しくて、よく話を聞いてくれて、愛情表現もよくしてくれたのに、結婚後はぱったりしなくなった……。旦那さんから見ると、妻は以前は自分をいつも褒めてくれ、慕ってくれ、一緒にどこでもついてきてくれたのに、結婚してからはさっぱりだ……。そんなことからだんだん失望感が湧いてきます。

やがて夫は仕事一本きりになり、ほとんど妻のことは顧みてくれない。妻のほうは子供が生まれると子供にかかりっきりになります。子育ては精神的にも肉体的にも大変な重労働です。時には恨めしく思うこともあります。なぜ私にばかりさせるのか、夫はなぜ手伝ってくれないのか、という気持ちになることもあります。子供が二人、三人となったら、相当しっかりしている女性でも、程度の差こそあれ、一種の育児ノイローゼにならない人はいません。それくらい大変です。そうすると、そこで疲れ切ってしまって、夫に対して気が回らなくなります。相手ができないのです。時々、夫が「今晩仲良くしようよ！」というサインを送っても、「いや、きょうは疲れてるから」「まだこれからお茶碗を洗わないといけないのよ」「明日は早いから」などと言ってなかなか応じません。男性はだんだんストレスが溜まってきます。

出会ったときは期待に胸の高鳴る春、結婚したときはアツアツの夏、しかしやがて秋風が吹き始め、今や冬の大嵐ということになりかねません。

既にお話ししたとおり、夫婦仲がうまくいかなくなる大きな原因が二つあります。その第一が、結婚後、相手の嫌な欠点が見えてきたとき、それに対して「ここは嫌だからいいかげんに変わってほしい」と言って、夫から妻に、妻から夫に要求を始めて、急速に険悪な関係になっていく場合です。

第二の大きな原因となるのが「夫婦の行き違い」なのです。

よく「すれ違い夫婦」という言葉を聞きますが、お互いが相手の心理をよく理解できない、そこから起こってくるトラブルです。「これは相手の性格なんだ」と思っていたことが、実はそれは「そもそも男性と女性の根本的違いから来ている」ということが少なくありません。

男性は自分の思考方法で考えます。自分はこうしてくれたら嬉しいから、妻もこうしたら当然喜ぶだろうと思って一生懸命しているのに、妻は感動しないし、不満そうである。それを見て夫は、「こんなにしているのに」と不満になります。

女性も同じです。自分がこうしてもらったら嬉しい。だから夫にそうするのですが、夫は喜ばない。「何だ、この人は変わってる」と思ってしまう。しかし、こういう問題は、実は男女の生理学的、心理学的な違いに対する理解不足から来ることが多いのです。

これから男性と女性の違いを一緒に考えながら、夫婦関係がどうしたら難しくなり、どうしたらうまくいくのかを考えていきましょう。この章では、家庭問題の研究者である韓国の呉奎榮（O Kyu Yong）鮮文大教授のリポートを土台とし、その上に著者の研究と体験を加味しながら話を進めていきたいと思います。

一、男女の生理的・心理的違い

(一) 男女の分化と生理ホルモンの働き

まず男女の生理的違いです。医学的には、受胎した状態の生命が男になっていくのか、女になっていくのかを決定するのは遺伝子です。

人間には基本的に、ＸＸという染色体を持っている人と、ＸＹという染色体を持っている人がいます。ＸＸなら女性になるし、ＸＹを持っていれば男性になるということです。

その後、男児が男性らしい体つきになり、女児が女性らしい体つきになっていくの

表6　男女の生理的・心理的の違い

区　分	男　性	女　性
生理ホルモン	アントロゲン	エストロゲン
感覚器官	視覚指向的、嗅覚指向的、客観的、私物感覚	聴覚指向的、触覚指向的、主観的、人格感覚
性　向	攻撃的、成功指向的、支配性向、客観的、論理的	情緒的、関係指向的、詩的接近、具体的、直感的
対　話	情報収集に関心、支配手段、解決策提示、信頼、認定受けたい	関係維持に関心、関係手段、理解要求、共感、理解を受けたい
性生活	衝動的、短期的	情緒的、長期的

はすべてホルモンが影響します。男性ホルモン、女性ホルモンが分泌されることによって、男性と女性の性的器官や体つきにまで決定的な影響を与えます。

男性ホルモンは、アントロゲンと言われるホルモンです。女性ホルモンはエストロゲンというのが最も代表的なものです。それらの働きによって男は「男らしく」、女は「女らしく」なっていきます。また男、女は変わらなくても、そのホルモンが強く作用する人と弱い人とで、その人の性格とか状態が少しずつ違ってきます。

もちろん、生まれた後の環境も大きく影響します。男として育てられるか、女として育てられるかによって、言葉遣いから態度、仕草、歩き方まで大きく違ってきます。このような後天的な要素も大きく作用するということは言うまでもありません。

(二)　五感における男女の違い

男性は感覚器官の中で、目と鼻、つまり視覚と嗅覚《きゅうかく》が敏感であると言われています。したがって、男性はまず第一に目から刺激を受けます。女性の容姿、スタイル、服装、仕草などに強い刺激を受けます。また男性は嗅覚にも影響を受けます。昔からどの国でも香水が用いられましたが、香水を使うのはほとんど女性です。無意識的に男性の存在を意識しているのです。日本では平安時代からお香を焚《た》いていました。香水には二つの効果があります。一つは自分の嫌な匂いを消すこと、もう一つはかぐわしい香りを漂わせるという効果があります。

最近話題になっている「フェロモン」という言葉があります。化学的に分析するのは難しい、ある種の匂いのようなものです。男性がクラクラッとするとか、クーッと惹かれるという雰囲気を持っている女性がいます。そういう魅力を持っている人をフェロモン女優と言ったりします。そのクラクラ物質がフェロモンです。

医学的には、この作用ははっきり証明されています。動物界では、雄は発情期の雌の発する匂いを敏感に探知して求愛行動を起こします。中でも雌の蛾が放出する性フェロモンは有名で、雄は空気中に漂うわずか数分子の性フェロモンを感知して、数キロメートル離れた所から雌を求めて集まってきます（新井康允順天堂大学教授著・『男と女の脳をさぐる』より）。人間もその点では同様で、思春期に入ると異性に強く惹かれるようになります。

また、「気学」で言えば、男は女の「気」を得て健康長寿を保てるし、女性は男性の「気」を得て健康と若さを保てると言います。

日本では昔から、「色香」とか「色気」とか言ってきたものがあります。男性から見て全くフェロモンを感じなくなった女性がいれば、それはもはや男性を惹きつける力がなくなった、つまり「女性としての魅力」がなくなったということです。

もちろん男性にも同じことは言えるでしょう。女性が何か分からないがグッと惹かれるような男性の魅力があるのかもしれません。

さて、話を元に戻しましょう。もう一方の女性は聴覚と触覚、つまり耳と皮膚が敏感です。したがって、女性は男性の発する優しい愛の言葉に敏感であるし、皮膚の感覚は男性よりも女性の方がはるかに敏感だと言われています。ですから夫の愛の言葉に敏感であり、体を優しく愛撫してもらうことによって良い気持ちになり、愛を感じていくことができるわけです。また女性は情緒的な傾向が強いですから、美しい音楽とか甘い優しい言葉とか、柔らかい感触、雰囲気を好みます。こういうことは、男性は知っておかないといけないでしょう。

(三) 男女の性向（気質）の違い

性向という点では、男は攻撃的で成功指向型です。男は仕事上の目標を持って、それを成功させることに対してものすごい情熱を燃やす傾向があります。それに対して、女性は情緒的で、事業自体の成功とか目標達成ということよりも、上司や同僚との関係とか、夫との関係をよく保とうとする関係指向型です。

男は相手が自然であれ人間であれ、対象をコントロールしようとする支配欲、主管欲がとても強いのが特徴です。女性は自然に対しても人間に対しても、詩的なアプローチをし、ロマンチックな関係を持とうとします。

性格的には、客観的に物を見ようとする男性と、具体的、直感的に物事を捉える女性との違いに気が付きます。そして男性は論理的、女性は直感的です。

それから、男女の考え方の違いがあります。男性は仕事に頑張って目標を達成することが妻子への愛だと考えます。自分が係長よりも課長、部長、専務……そうなっていくことに全力を投入します。男はそういう目標を追求することに生きがいを感じ、何かに成功することによって妻子が喜んでくれると無意識のうちに思っているのです。だから仕事に打ち込んで、成功しようと追っていくのです。小さいことにはあまり神経を使わないで、大きいことだけを処理しようとします。

ところが女性は夫の仕事の成功よりも、「夫との関係」を重視しています。だから夫が課長から部長へ、部長から重役になった。そのこと自体は嬉しいけれども、その結果多忙になって、自分の話を聞いてくれなくなった、ほとんど一緒にいる時間もなくなった、という場合には女性は少しも喜びません。だから女性は「関係性」のほうに関心があるのです。ここが違うところです。女性はお互いの人間関係を損なわないようにといつも意識しています。

(四) 対話に対する捉え方の違い

用件があるから話す男性

特に、男性と女性の間で違いが際立っているのが「対話」というものに対する捉え方です。

男性が話をするときは「目的」も「用件」もはっきりしています。だから結論を急ごうとします。また、男性の会話は情報収集型です。常に何かを知ろうとして話をします。

また、男性は言葉を「支配の手段」と考えています。つまり話して相手を説得し、自分の考え方を受け入れさせようとします。用件を明確に伝えて、相手を納得させたいと思うのです。人から何か尋ねられたり、話しかけられたら、すぐにそれに対して、「ああ、この人は自分に回答を求めているんだ」と考えてしまいます。自分に解決策を求めていると考えて、「自分はこういうふうにしたらいいと思う」と言うのです。そして話をすることによって、自分に対する信頼を得たい、認定を受けたいという気持ちがあります。

ところが、女性は対話ということに対して、あまりそういうことを欲していないのです。対話というのは相手との「関係を維持する」、あるいは「より良い関係を築く」、そういうことのためにあると思っています。そこを重視します。関係を保つための手段として考えます。男性から見たらあまり意味のないようなことを長々と電話で話したり、おしゃべりをしています。

例えば、こんなことがあります。女友達同士でさっきまで三日間一緒に旅行してきたのに、家に着いたらまたその友達に電話して話をしています。

「○○ちゃん？　着いた？　さっきはねー……」

とまた二十分も話しているのです。これは男性には全く理解できません。

「あなたたちは三日間ずっと一緒に旅行して回ったんでしょう？……」

つまり、女性は用件とかが問題ではなく、要するに「かかわり」を楽しんでいるのです。また、女性が対話する場合は、理解してほしい、共感を得たいという気持ちがあります。嬉しいとか悲しいとか悔しいという思いを一緒に共感してほしいのです。

この気持ちは、友達関係でも夫婦の関係でもあります。

このように、会話一つをとっても、それに対してどのような見方をするかという点で、男と女では大きな違いがあります。このことを分かっていないために、日常の中で大きな悲劇がよく起きています。後で詳しくお話ししましょう。

さて、対話する態度、これも違います。さっき言ったように、対話するときは、男性はどうしても「情報収集」に重きを置きます。例えば、会社から家に帰ってきたとき、夫がまず最初に発する言葉は何でしょうか。

「ただいま。きょうは一日楽しかったかい？」なんて言ってくれる夫はめったにいません。たいがいの夫が発する第一声は、「きょうは何か変わったことなかった？」と、まず情報収集です。ほとんどの男性がそうです。これはある意味では男性の義務でもあるわけです。夫は「何か異常はないか」、女性は「はい、異常ありません」、それでまず一安心、ということなのです。

話して共感を得たい女性

しかし女性が実際に求めているのはそういう対話ではなくて、優しい言葉とか何かもっと情的な言葉を掛けてほしいのです。女性のほうは夫と会話するのは、夫との「関係を維持したい」からです。会話はその手段だと考えています。だから外で疲れて帰ってきた夫であったとしても、話したいこと、聞いてほしいことが山ほどありますから、部屋から部屋について回りながら話をします。

私もここ数年間、単身赴任状態でした。家族は大分、私は東京に住んでいましたので、帰るのは月に一回くらいです。そうすると、当然、妻は聞いてほしいこと、話したいことが溜まっています。だから家事をやりながらでも、あるいは車の中に入ってもずっと話をします。夜になってこっちは疲れて意識もうろう、横になって目をつぶっていても、そばに座って、「かくかくしかじか……なんだけど、どうかしら？……ねえ、聞いてるの？」と言うのです。そのくらい聞いてほしいことがたくさんあるのです。もちろん用件もたくさんありますが、こうやって話を聞いてもらうことによって、理解や共感が欲しいのでしょう。

妻は、きょう一日を過ごして、いろいろ感じたことを夫に話して、夫に共感してもらいたいのです。楽しかった、嬉しかった、悲しかった、悔しかった、そういった気持ちを理解してもらうことを妻は求めます。そのことを男性はある程度理解していないと、時々、「うるさい！　おれは疲れてるんだ」と大きな声を出して怒ります。そうすると、パチッと拒否されるわけですから、女性は傷付きストレスが溜まってくるのです。そういうことから機嫌が悪くなったりします。男性はそういう時の女性の心理は知っておかないとうまくいきません。

家の中の婦人警官

一方、女性も男性に対して配慮しないといけないことがあります。男性は外で闘って疲れて帰ってきます。家庭に癒しと安らぎを求めて帰ってくるのですから、まずはすべてを受け入れてリラックスさせてあげるという配慮が必要です。

例えば、こういうことがあります。ある家庭での夫の嘆きです。

彼は家に帰ると、上着を脱いで、ポンと置きます。すると、

「あなた、ちゃんとハンガーに掛けて！」

と早速言われます。靴下を脱いでそこら辺に置いたら、

「あなた、洗濯物はお風呂場にちゃんと持っていって！　分かるでしょう。自分のことは自分でして。私もやることがあるんだから」

と言われます。カバンをポンと置いたら、

「またそんな所に置く！　ちゃんと所定の所に置いて！」

さあ、そうなったらどうでしょう。家の中にまでうるさい婦人警官がいて、

「ピーッ、あなた、そこに置いちゃいけません‼」

と言われているようです。中には、

「三回目の違反だから、おこづかいを減らす！」

と、切符まで切る奥さんもいるそうです。

これは男から見たら、「もう勘弁してくれ！」という気持ちです。家の中にも安らぎの場、癒しの場が得られないことになります。

男の仕事の世界は、会社でも仕事先でも緊張感があります。失敗が許されない厳しい戦いの世界です。苦手な任務でも、嫌な上司でもじっと耐えていかなければなりません。相当のストレスが溜まります。そういう中で疲れて帰ってきた。だからせめて家の中ではリラックスしたい、一切の飾りをなくして自分の地を出したいのです。くつろいでいるから、見方によってはだらしなく見えるかもしれません。もちろん子供への教育を考えたら家の中でもきちっとしているのがいいのでしょうが、そのあたりは妻として配慮が必要です。

㈤ 性生活における男女の違い

また性生活の面でも、男性と女性では捉え方が違います。一般的に男性の性的欲求は女性よりも強いことが多く、また本能的で衝動的です。これは自然界全般に共通しています。快感の感じ方は短期的です。それに対して、女性はもっと情緒的に捉えます。快感の感じ方も長期的で少し違います。

もう少し詳しく説明しますと、性生活において夫が妻に願うことと、妻が夫に願うことはだいぶ違います。男性は性行為そのものが妻への愛情表現だと思っていることが多いし、衝動的でせっかちになりやすいのが特徴です。

しかし、妻に対しては、まず最初に、ねぎらいの言葉や優しい言葉を掛けてあげなければいけないのです。そうすると妻は夫の愛情を感じて心の扉を開きます。そうして初めて、体の扉が開けていくのです。順番があります。それを知っておかないといけないのです。この問題で、男性と女性は相当違いがあることを分かっていないと、夫婦の関係がぎくしゃくした難しいものになっていきます。妻はまず夫の愛情を感じなければ、自分の体を捧げたいという気持ちにはならないのです。これは男性にはなかなか理解できない点です。女性はまず和んだ雰囲気とか、愛情のこもった言葉などを欲しているのです。

一方、女性が気を付けないといけない点は、子供が生まれた後、すべての関心が子供に集中してしまって、夫が時々サインを送っても全然応じないということになりやすいのです。そうすると夫の愛情は冷めていき、気が付いた時には夫の心ははるか遠くに行ってしまっていた……ということにもなりかねません。

㈥　一度に一つしかできない男、マルチにこなす女

最近は脳の研究が進んでいます。脳の機能から来る男性と女性の違いについてお話ししてみたいと思います。

男女の違いは、特に言葉に関する機能において顕著にその特徴が見られます。男性は言語を司る部分が、左脳の前後にだけあるのですが、特定の決まった部位がないと言われます。そこから出てくる男性の特徴は、一方向集中型。物事を一つずつ集中してこなしていく能力が優れています。したがって、会話するときも単刀直入で論理的です。筋道を立てて問題解決、あるいは結論を追求するというふうに、ずっと直線的

に深めていく思考をします。

一方、女性は左脳だけでなく右脳にも言語を司る部分があって、その部分がはっきりしています。しかも左右の脳の連絡がよく取れる仕組みになっているようです。ですから、マルチにいくつかのことを同時にこなせるという能力があるのです。

最近ベストセラーになった『話を聞かない男、地図の読めない女』という本にもそのことが書かれています。

私自身の体験でも、長い間理解できなかったことがありました。「これは自分の性格で、あれは彼女の性格なんだ」と思い込んでいたことがありました。ところが研究してみると、実はそれは「男と女の根本的な違い」なのだということが分かってきたのです。

例えば、わが家でこういうことがありました。今は大学に行っている娘が、中学校の頃、いつもテレビをつけたまま勉強するのです。

「テレビを消したら？」

「どうして？」

ま、寂しがり屋だからしょうがないか、と思っていましたが、高校になっても、いつもテレビをつけたまま宿題や試験勉強をしています。

「おねえちゃん、もうテレビは消しなさい。高校になったら、勉強も中途半端なことじゃだめだよ」

と言いました。すると娘は、

「ええ？　どうしてテレビを消さないといけないの？」

「だって集中できないでしょう？」

「別に、あんまり変わらないわよ」

「いや、そんなことはない。集中できるわけがない」

私は固くそう思うのです。所詮はテレビを見ながらやっているのだから、集中できているはずがない。私自身がそうだから、当然娘だって同じなはずだと考えます。

ところが、娘はそこそこの点は取ってくるのです。「不思議だなあ、最近の子供は『ながら族』が多いというから、そうなのかな。それとも彼女と私の性格の違いなのかな……」と思っていたのです。

また、妻もいろいろな能力を持っています。近所の女友達が来ると、洗濯物をたたんだりしながら、おしゃべりをします。ある時、その話し方を見て唖然としました。なんと「二人とも同時に」しゃべっているのです。

男同士であれば、聞くときは聞く、話すときは話す、つまりこちらが物を言っているときに相手が話し始めたら、「ちょっと待て。まず聞いてくれ」と言います。しかし、女性は双方とも同時に平気で話しています。それでもちゃんと理解できるのです。要するに、話すことと聞くことが同時にできるわけで、これも脳の機能の違いらしいのです。

これだけでも驚嘆に値するのですが、もっと驚くべきことがありました。ある日、テレビをつけたまま、妻は近所の友人とおしゃべりをしていました。私がテレビを消すと、

「アッ、どうして消すの？」

「だって、見てないんでしょ」

「見てるわよー」

「？……まさか」

私は後で聞いたのです。

「あなたはあんなに人としゃべっているのに、テレビまで見ているの？」

「見てるわよ」

「じゃ、きょうのドラマの筋書きを言ってごらん」と言うと、

「ああして、こうして、こうなったわよ」と言うのです。

「ヘーッ」と驚きました。ちゃんと物語の流れを押さえているのです。これは男性である私から見たら驚異です。

男性の読者の皆さんはいかがですか？　たいがいの男性はそう器用にはいきません。

私がテレビを見ているときに妻が何か話し掛けても、私は返事をしないのが普通です。また、妻が「あの時言ったじゃない」と言っても、

「聞いていないよ」

「言ったわよ」

「聞いた覚えはない」

という押し問答になることも少なくありません。

私は妻と娘からよく笑われたものです。

「ほんとにお父さんったら、だめねえ。テレビを見たら何にも聞こえなくなっちゃうんだから」と。

ですから、私と妻の性格の違いなのかと思ってきましたが、実はこれは、根本的に男と女の違いから来ている問題だということが分かって、やっと名誉挽回できたのです。男は基本的に一度に一つのことしかできません。

そう考えてみたら、女性が運転しているときにおしゃべりしても、一つの脳でこれをやり、別の脳で運転をしているので、そんなに支障はないのかもしれません。しかし、男性の運転中にいろいろなことを話すのは考えものです。ただ聞き流していればいいような話ならいいのですが、「あなたどう思う？　どうなの？」などと答えを求めたり、深刻な話は禁物です。話し掛けられたら必ず「回答しなきゃ」と考えるのが男性ですから、すぐに意識が頭のほうに行きます。すると手のほうはお留守になって、赤信号も飛ばしてしまいます。

「あら、なにやってんの！　危ないわよ」

そうしたら夫は怒ってしまって、

「なに！　あんたが話し掛けるからじゃないか。うるさい‼」

となるのです。

そういう男性と女性の違いがあります。そうしてみると、ここから教訓が出てきます。男性には同時にあれこれ頼んではいけないということ。そして、できないのを見て、「うちの旦那はだめなのよ」とばかにしてはいけないのです。それは夫の性格だと思っているかもしれませんが、実は「男性の特徴」なのです。

女性はおしゃべりしながら同時にいろいろなことをこなします。男性から見たら、いいかげんなんだろうとか、宇宙人に見えたりするかもしれません。しかしそれは神が女性に与えた特殊な能力なのです。

二、相手に対する期待の違い

(一)　最も相手に期待するもの

相手に対する期待も、男性と女性では相当違います。夫が妻に対して期待すること、あるいは妻が夫に対して期待することは何でしょうか。

【夫が妻に期待すること】

①いつまでも魅力ある女性でいる妻
②性的な欲求を満たしてくれる妻
③休日には一緒に付き合ってくれる妻

④内助をしてくれる妻
⑤自分を褒め、激励してくれる妻

【妻が夫に対して期待すること】
①経済的な欲求を満たしてくれる夫
②話の相手になってくれる夫
③愛を与えてくれる夫
④隠し事をしない正直な夫
⑤誰よりも自分に深い関心を示してくれる夫

では、ここで女性の方に質問します。

「男性が妻に期待することを五項目挙げましたが、この中で、結婚した男性が妻に第一に願うことは何でしょうか?」

地方での講演会のときに参加者に同じ質問をしますと、たいがい最後の「自分を褒めてくれ、激励してくれる妻であってほしい」という項目に手を挙げる女性が一番多いのです。

では、男性から見たらどうなのでしょう。例外はあるでしょうが、世界的な統計では、実は②、「性的な欲求を満たしてくれる妻であってほしい」というものです。一般的な男性の本音です。結婚して男性は妻に何を願うのですか？　愛情を交わそうとするとき、男性は性生活を通して愛情を確認したい、愛してあげたいと願うのです。ところが女性はほとんど、これを理解できません。つまり、そういう男性の基本的欲求を女性は理解できていないのです。だから夫が夫婦生活を求めるのにすべて拒否しておきながら、「ああしてほしい、こうしてほしい」といくら妻が言っても、男性は到底応じる気にはならないのです。そしてずっとストレスが溜まるのです。欧米の男性ははっきりと不満を言うでしょうが、東洋、特に日本の男性は恥ずかしがり屋ですから、はっきりとはそのことを言いません。しかし、機嫌が悪くなり、その不満をいろいろな形で表して荒れます。つっけんどんになったり、あるいは口を利かなくなります。ところが、「何であの人はあんなにプンプンしているのか」「物を言うたびに突っかかってくるのか」、奥さんは理解できないのです。

では次に、男性に質問します。先ほど挙げた五つの中で、女性が一番夫に対して願うことは何でしょうか。答えは何でしょう。実は多くの男性の考えとは違って、答えは③「愛を与えてくれる夫」です。態度と言葉で愛情をいつも表現してくれ、愛を与えてくれる夫であってほしいのです。同じ愛を与えるといっても、男性は具体的に抱いて愛してあげることを愛情表現だというふうに考え、自分がそう思うから女性もそう思ってくれるだろうと考えているのですが、女性は必ずしもそうではないのです。セックスをしてくれたから、夫が自分を愛してくれていると感じるかというと、そうではありません。

思いやりのある言葉、優しい態度、そういうことがなければ愛情は感じないのです。そういう優しさとか愛情を表現しないで、いきなり体だけを求めてくる……これはもう自分の欲求を満たすためにだけ妻の体を求めてくるのではないかと考え、これをとても嫌い、反発します。

かといって拒否したら夫との関係が険悪になるから、仕方なしに応じているということが結構多いのです。そういうことがありますから、男性と女性の期待の違いというものをある程度分かって、お互いに理解し合うことが必要です。

男性が気を付けなければいけないことは、妻に対してすぐに一体となることを求めますが、その前に愛情を示さなければいけないということです。慰労の言葉を掛けたり、優しく抱擁してあげたりとか、愛情を表現してあげなければならないのです。例えば、一緒にレストランに行って美味しい食事をするとか、そこまでいかなくても、食卓を囲んで夫婦でロマンチックに会話しながらお茶を飲むとかでもいいのです。そしてじっくり奥さんの話を聞いて共感してあげるのです。そうすると情で「ああ夫は愛してくれている」と感じ、情が解放されていきます。そうすると夫を受け入れてもいいという気持ちになるのです。こういうところが男性はよく分からないので、ついついせっかちになって嫌われてしまいます。

一方、女性が理解しておかないといけないのは、結婚生活での夫婦の愛情確認という点において、男性にとって性生活というのは非常にウエイトが大きいということです。女性は自分の気分次第で、いろいろな理由をつけて断ってしまいます。すると男性は非常にストレスが鬱積《うっせき》し、不機嫌になります。「自分の愛情を受け入れない……。自分を愛していないのではないか」と受け止めて、急速に愛情が冷めてしまう場合もあります。そのあたりの感じ方の違いをお互いに理解し合っておくと、うまくいくのではないでしょうか。

(二) 余暇の過ごし方

次は「余暇の過ごし方」です。これも男性と女性とでは期待する内容が大きく違います。男は一緒に登山に行く、スポーツをする、映画に行く、こういうこと自体をしたいと思うのです。またそういうふうにしてどこかに連れていってあげれば妻は喜ぶだろうと思うのです。もちろん若いときには一緒に付き合ってくれただろうし、一緒にいること自体が嬉しいものです。特に恋人時代はそうでしょう。しかし夫婦になったら、それほど新鮮味はありません。ついて回っても疲れるだけで、ほとんど話も聞いてくれない、つまらない、満たされない。だから、「あなた一人で行って」と言って付き合いをしてくれなくなります。
そうすると男性はつまらないのです。一人で趣味をやっても何となく寂しいのです。一緒に楽しむ相手が欲しいわけです。美しい景色を見て、「いやあ、きれいだね」と言う相手が欲しいのです。どんなに美味しいものでも、一人で黙々と食べるのは侘しいものです。奥さんとか子供とか、あるいは友人がそばにいて楽しみながら食べる、そうすれば美味しさも倍増です。ところがほとんど付き合いをしてくれない、こういうことに対する不満も出てきます。
例えば、都内に住むある家族。連休が近い。夫は何か家族サービスをしなくては、と考えて、提案します。
夫「今度の連休、どこに行こうか？」
息子「ぼくは、ディズニーランド！」
娘「わたし、お台場！」
妻「うーん、そんなに行かなくても、近くでいいんじゃない？」
夫「でも、どこか行こうよ」

妻　「じゃあ、行くんなら温泉のほうがいい。疲れるから……」

妻はあまり乗り気でないのです。なぜこういうふうになってしまうのか、夫には理由がよく分かりません。

夫は、昨日までの仕事の疲れが残っていても、妻や家族を喜ばせたいと思って、ドライブで運転手を務め、着いたらすぐにスポーツをしたり、歩き回ったり、時間を惜しんで目いっぱいフル稼動。これだけ時間を掛け、お金も使い、労力も尽くして一日遊ばせてやったのだから、さぞ感謝されることだろうと思いきや、家に帰り着いたら妻は「あーあ、疲れたわ」と愚痴一つ。あまり満足している様子ではない。

夫も妻も「余暇を一緒に有意義に過ごしたい」という要望は持っていますが、実は男性の求めていることと、女性の求めていることが違っていることが多いのです。

男は刺激を求めているので、どこか違った所に行き、何か変わったものを見たり、体を動かしたりしたがり、その時妻が側についてきてくれれば満足です。そこで、つい男だけのペースであたふたと何かを見て回り、時間いっぱいフル回転で「充実の一日」となります。ところが、たいがいの女性は、それでは決して満足は得られないのです。

同じドライブに行っても、目的地に着くまでに、車の中でじっくり妻の話を聞いてくれ、相づちを打ってくれたり、同情してくれたり、嬉しかったことや悔しかったことに共感してくれた。あるいは、子供たちは自由に遊ばせて、夫婦二人で木陰に腰掛けてじっくり話を聞いてくれたとか、美しい景色を前に、コーヒーを飲みながらロマンチックな会話のひとときを持ってくれた、などといった配慮があれば、妻は夫の愛情を感じて嬉しいのですが、そのような会話の時間もなくただ慌ただしく動き回るだけでは少しも満たされないのです。

女性は遠くに「ドライブ」に行くよりも、近くで「おしゃべり」をしたいのです。そのほうが女性は満たされるのです。もちろん遠出でもよいのですが、それも「対話付きの旅行」だったらオーケー。要するに、「おしゃべりセット」だったら楽しいのです。しかし、「対話のない動き回るだけのツアー」はお断り。「疲れるから家にいたほうがいい」ということになるのです。そこにも男性と女性の違いがあります。

さて、皆さんのお宅ではどうですか？

(三) 家計についての責任

次は「経済的能力について」です。

男性は、結婚したその日から生涯下ろすことのない「ある重荷」を背負うことになります。そして一生ずっと、そのプレッシャーを感じながら生きています。それは、家族を養う一家の大黒柱として「妻と子供に惨めな思いをさせてはいけない」という使命感、責任感です。これは女性には分からない世界があります。

「いや、そんなことないわよ。私だって会社で働いているわよ」と言う女性がいるかもしれませんが、やはりプレッシャーの質が違います。その証拠に、女性が勤めている所を辞めるといっても、それほど葛藤《かっとう》はしません。しかし、男性にとって経営が不調だとか、会社が倒産するとか、クビになるとか、左遷されるとか、転職するということがどれほど深刻でしょうか？　簡単ではないのです。非常に悩みます。なぜかというと、そのことによって収入が左右される、即、自分の責任を果たせなくなるからです。家族の衣服費、食料費、住居費、医療費、子供の教育費、車の維持費からレジャーの費用まで、ありとあらゆる面において、「寂しい思いをさせてはいけない」「惨めな思いをさせてはいけない」という気持ちが男性は本能的に強いのです。だからどうしても仕事第一になり、仕事を一生懸命すること自体が「妻への愛」だと思うのは無理のないところがあります。

男性にとって仕事のウエイトがどんなに大きいかということは、クビになったり、事業が失敗したり、多額の借金を抱えた場合、仕事上の責任から死を選ぶことがあることからも分かります。バブル崩壊後の日本では、この種の熟年男性の自殺が急増しています。

女性から見れば、「なぜ、勝手に自殺なんかするの？　家族のことも考えないで」と思われるかもしれません。しかし男性にとってはそれくらいウエイトが大きいのです。女性が仕事上の責任を取って自殺するということはめったにありません。そういう意味では、妻は夫の仕事の状態や事情については関心を持って聞いておくことが大切です。そして、本当に男性が苦悩している時を察知して心の支えになれなければいけません。

しかし一方、女性は究極的には「愛に生きる」世界がありますから、その面では男性の理解を超えた世界があります。愛し慕った男性が旅立ったとき後を追って死ぬようなことがありますし、逆に、信じ切った男性から完全に裏切られたときに死を選ぶ、そういうこともあります。そこにも男性と女性の違う特性を見ます。

ですから、男性は気を付けないと、仕事一本になるあまり、妻の心の空洞に気が付かないことがあります。妻としては、夫がどんなに出世しても、仕事一本きりで自分のことをほとんど構ってくれなくなると、決して満足できません。「自分に対して優しくない」「構ってくれない」「この人は私を愛しているんだろうか……」という思いが強くなり、だんだん不満が募ります。

㈣　日常の中に見る男女の違い

男は仕事、女は子供のことが頭から離れない

男女の違いと言えば、日常の中で様々に経験します。

家族とみんなで遊びに行っているときでさえ、お父さんが時折遠くを眺めてジーッとしていたら、実は仕事のことが頭に浮かんでいるのです。一日も仕事のことが頭から離れないのです。それが男性の宿命というか、特徴です。

しかし、女性にも男性が理解できない世界があります。例えば、講演会に来て話を聞いているときでも、女性はいつも気にしていることがあります。何のことでしょうか？　子供のことです。「子供は大丈夫かな、ちゃんと泣かずに遊んでいるかな、怪我していないかな」。そういうことが気になってしょうがないのです。遊びに行っていても、何をやっていても、気になるのです。ここにも男と女の基本的な違いがあるのです。

聞こえる音も違う

我が家ではこんなことがありました。横浜に住んでいた時のことです。伊豆大島火山帯があるので、神奈川県下では体感地震が起こるのは頻繁です。

ある日、夜中に地震が来ました。グラグラッとすると、私はパッと目が覚めるのです。サッと起きて、どれくらいの大きさの地震なのか確認しようとします。隣で寝ている妻はぐっすり寝ています。

「お母さん、地震だよ、地震‼」と私がたたき起こしても、

「ん、なあに？　ジシン？……」

「これはちょっと大きいから、こっちに来たほうがいいよ」と、抱き起こして机の下に押し込んでも、まだ眠っていました。

また、夜中に窓の外でガサガサと音がすると私はパッと目が覚めます。何か異常を感じて、起き上がって一応窓の外を確認します。これは昔からの男性の本能なのでしょうか。家族を外敵から守らなければならないという感性が染み付いているようです。現代は安全な世の中になったから、そういう能力はかなり退化しているかもしれませんが、やはり本能的には残っているのでしょう。

ところが、正反対のことがあります。子供がまだ小さかった頃のことです。夜中に何かうるさいし、眩しいなあと思って薄目を開けると、妻はもう起きて子供の世話を

しているのです。私は全く気がつかずにグーグー寝ていることも少なくありませんが、妻は赤ん坊のちょっとした泣き声にもパッと目が覚めるというのです。これは男性にはなかなか真似のできない世界です。不思議です。それは女性の本能というものなのでしょうか。

科学的に調べると、子供の泣き声の音波の波長は、男性より女性がよく聞き取れるようになっているそうです。

こうしてみると、男性が持っている能力と女性が持っている能力には、明らかに異なった特徴があります。やはり夫婦が一緒にいることによって全体がうまくいくのでしょう。

㈤　共働き時代の夫婦の危機

女性は経済的な面においては家計の必要を満たしてほしいと思っているので、夫に経済的能力がなくなると、つい夫を軽んじるようになります。しかし、これは夫婦がうまくいかなくなる大きな原因になります。

離婚に至るケースの場合、奥さんが勤めを持っている、あるいは収入があるという場合が多いのです。奥さんが収入がなかった時代には我慢しながらでも付いて行きますが、最近は女性も社会進出して仕事があるので、無理して一緒にいなくてもいいということになって、離婚を容易にしているという一面もあります。

特に妻のほうが夫以上の収入を得るようになった場合、夫に対する言動には気をつけなければなりません。無意識のうちに高慢になって、夫を見下すようになるのです。これは男性の自尊心を決定的に傷付けることになります。そこで権威を失うまいとしてすごい剣幕で怒鳴ったり、心の寂しさからアルコール依存症に陥ったりする場合もあります。

なぜかというと、男性は「家族を養い、守り、保護してやりたい」という気持ちを強く持っているからです。そういう点において妻には負けたくないのです。

だから、収入が逆転してしまい、皮肉の一つも言われるようになると、「もうおれは必要ないのか」と感じ、急速に冷めてくるのです。そういう時こそ、賢い妻は夫を立て、「あなたがいてくれて助かるわ」と言うのです。家族から頼りとされ、信頼され、感謝される……それが男のプライドであり、生きがいなのです。

㈥　深い関心を持ってほしい

妻は「誰よりも自分に深い関心を持ってほしい」という欲求があります。関心を持ってくれると、愛されていると感じます。しかし、夫が仕事一本で、妻に関心を持つ余裕がなくなることがあります。特に、三十代、四十代に入った男性は、会社でも実務の中心ポストに就くようになり、仕事に忙殺されることが少なくありません。現場の責任者の立場に立ち、朝から晩まで仕事、仕事、仕事。土日すらも出勤する。それも家族のためだと思って夫は働いていますが、毎日仕事のことで頭がいっぱいです。そのときに、妻は非常に寂しい立場に置かれます。放置され、満たされないで、心がさまようようになります。「夫は自分に愛情があるのだろうか」「この人と結婚したのは、本当に良かったんだろうか」「私の人生はただの飯炊きおばさんなのか」と、どうしようもない空虚感に襲われるのです。そのとき、夫婦の間に危機が訪れます。

中年期に夫婦の情に亀裂が生じてしまうのは、この時期に二人の情関係がうまくいかなくなって、冷え切ってしまうというケースです。

夫は家にもあまり帰ってこない。全然自分を構ってくれない。虚しい。独身のときは「世界は私のために動いている」というくらいに感じるのですが、四十代を超えると体力や容色にも衰えを感じ、更年期障害などにも襲われる。そんなとき女性はどう感じているかというと、「ああ、自分ももう若くないんだ。ああ、自分の人生は何なのか」と考え始めます。夫との生活が充実しているわけでもない。子供も大きくなれば自分の思いどおりにならない。結局は独り立ちしていく。「ただ毎日毎日、炊事・洗濯・掃除・片付けに追われている自分の人生は何なのか？」と深い憂愁にふけるようになるのです。

人として生まれてきた以上、何か自分の中に価値を見いだしたいのです。夫は仕事の中に価値を見いだしてやっている、自分も何か生きている価値を感じたい。生きがいを感じたい。

そういうときに女性は、自分の価値を実現できるものを探さなければなりません。そうしてそのことに対して、夫はよく理解し、配慮してあげなければなりません。そうしないと、どうなりますか？　それこそ昼下がりのテレビドラマのようなことが起こりかねません。

結婚してしばらくは良かったが、夫は仕事ばかりで冷たい夫になって、自分を愛してくれない。本当にこの人と結婚して正解だったのか……。そういうとき、街でぱったり昔思いを寄せた人に会った。「お久しぶり。お茶でも飲みましょうか」となって、愚痴をいろいろ聞いてもらう。夫よりもずっと親切に優しく聞いてくれる。この人こそ私の「運命の人」だったのではないか。こうして彼女は妻と女の間で悩むのであった……というような内容。それが女性の心をとらえてヒットするのです。実行に移す、移さないは別にして、「うーん、そうだ」とドラマの主人公に自分の思いが重なってくるのです。

数年前、『失楽園』という小説が映画化され、話題を呼びました。邦画界では久々の観客動員で、二百万人を超える人々が映画館を埋めましたが、ほとんどが中年の婦人でした。

最近、主婦の「婚外恋愛」や「プチ不倫」が増えています。社会現象の一つです。本気で離婚しようという気はさらさらないのですが、「どうしようもない寂しさを何かで埋めたい」「愛を実感したい」「満たされたい」という感情があるのです。ふっと、自分を受け止めてくれる「別の誰か」を求めているのです。

つい先日事件があり、主婦が殺されました。それはインターネットで知り合い「メル友」になった男性と付き合うようになり、やがて深い関係となってしまい、別れ話がこじれて刺されたというものです。なんと男性はまだ高校生で、いわゆる「インターネット不倫」の悲しい結末でした。妻の犯した間違いではありますが、責任の一端は夫にもあります。

そういうことも決して人ごとではありません。奥さんをほったらかしにして、いつまでも寂しい思いをさせていたら、何が起こるか分からない時代なのです。

また、夫が仕事一本になるような時期は、女性は何か生きがいと自分の価値を発揮できる道を探して、その時期を越えていくことが賢明です。

では、このような時期を賢明に乗り越えた世界の多くの妻たちは、一体どのようなことをしてそれを乗り越えたのでしょうか。アンケート調査によると、三つの分野が上がってきました。第一は「社会奉仕活動（ボランティア）」、第二は「宗教的活動」、第三は「趣味活動」です。そういう活動に熱意を注ぐことによって自分の人生に意義と価値を見出し、中年の時期を張り合いを持って、喜びを感じながら越えていったというのです。こういうものを持っていないと、アルコールに深入りして健康を害したり、夫婦の関係が冷え込んで破綻したりといったことになることも少なくありません。これは男性がよく理解してあげないといけない女性の心の世界です。

(七)　愛情表現をはっきりと

愛情表現の仕方は欧米人と比べると、東洋人は非常に地味です。特に日本人は愛情表現が苦手と言われています。

「愛なんていうのは、いちいち言葉で言わなくてもいい。目と目で分かればいいじゃないか」。多くの日本の男性はこういう考え方を持っています。「いちいち言葉で言わないと分からないのは、人間じゃねえー」という考え方も根強くあります。

「奥ゆかしさ」とか「以心伝心」というのは日本独特の「美徳」ではありますが、これは世界では通用しないということを、私も最近感ずるようになりました。愛情ははっきり表現しなければ、相手に伝わらない。伝わらないということは相手から見たら「ない」のと同じです。

例えば、愛情というものを、「おれは持っているんだ。持っているんだぞうー」と、いくら本人がそのつもりでいたとしても、態度や言葉で表現しなければ妻には伝わりません。伝わらなければ、妻にとっては「ない」のと同じです。感じないのですから。だから「持ってるつもり」です。愛情はお互いに「持ってるつもり」ではだめです。はっきりと表さなければなりません。女性は夫から何度でも優しい言葉を聞いて、愛情を確認したいと思っているのです。一日に何度でも愛情表現をしてほしいと思っているのです。

ではここで、女性読者の皆さんに質問します。

①「結婚式以後、はっきりと『あなたを愛している』と言葉で表現を受けたことのある方はいますか？」

②「この一年以内に、夫から『愛しているよ』とはっきりと言葉で表現してもらったことのある女性はいますか？」

答えはいかがでしたか。

結婚前にはいろいろと親切にして愛の気持ちを伝える言葉を言ったでしょう。しかし結婚してからは、「釣った魚にはエサをやらない」と言いますが、夫はめったに愛情を表現しなくなるのです。もちろん、ほどほどの気持ちは伝わるでしょう。自分に対してそんなに嫌な顔をしているわけではないから、憎からず思ってくれているらしいというくらいは伝わりますが、その程度の伝わり方です。はっきり「君を愛してるよ」「そういうところが好きだよ」「やっぱり私にはあんたが一番だ」「君と結婚して本当に良かったよ」と、表現はいろいろあるでしょうが、そういうことをはっきり言ってくれたら、女性は本当に嬉しいのです。「そんなこと言わなくたって、目と目で分かればいいだろう」という意見もあるでしょうが、やはり言ったほうがいいのです。慰労や愛の言葉を掛けてくれたとき、妻は夫の愛を強く感じるからです。

ですから、男性に絶対に必要な能力は「愛情表現をする能力」です。愛情表現ができないか、あるいは下手な男性は、男性としての基本的魅力の一つを欠いていると言ってもいいでしょう。つまり女性を喜ばせることができない、心の底から満足させることができないということです。性生活の面で存分に満足させてやれば女性は満足するのではないかと考えている男性もいます。だからそのための技術に一生懸命精進するという人もありますが、それだけでは女性は決して満足はしないものです。

(八) 信頼と称賛

世界中の男性が切に欲していることがあります。それが「称賛」です。

妻が自分のやっていることを信頼し、その価値を認めてくれ、そして自分が頑張っていることに対して褒めてくれ、また激励してくれる。そうしてくれたときに男性は妻の愛を感じて、その妻や子供のためにもっと頑張ろうという力が湧いてきます。自分を尊敬し、感謝し、褒めてくれる妻に対しては、本当に自分に必要な人だと感じます。一緒にいたいと思うし、いとおしいと思うのです。自分の価値を認め、褒めてくれない妻と何十年一緒にいても、男性は「つまらない」と感じるのです。

世界中のすべての人間が一番欲している二つの欲求があります。どんな国のどんな人間も欲している根本的な欲求、それは「愛されたい」という欲求と「褒められたい」という欲求です。小さな赤ん坊にもあるし、八十歳のおじいさん、おばあさんにもあります。動物にさえもそういう欲求があります。

だから「幸せ」とは、この二つの欲求が満たされたときに感じる情感です。周りの人からも家族からも愛されていると感じ、自分がやっていることを評価し、価値を認めてくれ、褒めてくれるときに、自分は「幸せだ」と感じるのです。

反対に「不幸」というのは、この二つが満たされない状態に陥ったときに感じるものです。自分は誰からも愛されず、嫌われて、誰も自分を認めてくれない、褒めてもくれないときに、自分は「不幸だ」と感じるのです。そう考えたときに、愛されたいという気持ち、褒められたいという気持ちはどの人にもあるのです。

ところがこの世の中は悲しいことに、需要と供給が全くアンバランスです。誰もが愛と称賛を必要とし、切に求めているのですが、それを与えている人はとても少ないのです。愛を与える人が少ないのです。称賛を与える人が少ないのです。だから人の良いところを評価し、褒めるのがうまい人はみんなから好かれるのです。付き合っていて楽しいのです。そういう人とは一緒にいたいと誰しも思うのです。

もし、家にいる妻よりも、帰宅途中で寄ってくる赤提灯のおばさんのほうがそれがうまかったら、そちらにいる時間のほうが楽しいということになります。

ある中年男性の告白ですが、「妻が、結婚以来一度も自分を褒めてくれたことがない。何かことあるごとにけなされる。一緒にいても全然つまらない」と言うのです。「そのような家庭に帰りたくない」と言うのです。

結婚前は仲の良かった二人が、結婚後は葛藤《かっとう》する夫婦になっていくことが少なくありませんが、そこにもこの問題が大きく影響しています。

結婚してからどうなりやすいかというと、妻が喉から手が出るほど欲している愛情表現を夫はめったに与えない。また夫が飢えかわくほどに欲している称賛の言葉を妻はめったに与えない。その結果、お互いにものすごい不満、不信が募ります。

だからこそ逆に、お互いにそれを与えたらよいのです。

ところで、男も女も共に「愛と称賛」を欲しますが、ここにも男性と女性では微妙な違いがあります。

男性には、特に「称賛」が必要であり、また効き目があります。

女性には「愛」がより必要であり、切にそれを求めています。

したがって、妻は夫の長所を褒めてあげる能力を高めること、そして、夫は妻へ愛情を表現する能力を磨くことが夫婦円満の秘訣でしょう。

三、おかしやすい失敗

(一)　妻がおかしやすい失敗

①夫の行動を改善させようとする

夫に対して「ここが嫌だから変わってほしい」と言っても、それに対して「はいはい、分かりました」と聞いてくれる人はほとんどありません。夫は感情的に反発して関係が険悪になることが多いのです。

②夫が願ってもいないアドバイスをする

男性のほうから「これ、どうしたらいいかな」とアドバイスを求められたときに、

「こうしたらいいんじゃない?」と答えれば、「そうか」と、すっと男性は受け入れます。ところが妻が気を利かせたつもりで教えたり、忠告したりすると、夫はムッとした顔をして受け入れません。「本当に素直じゃない、この人は……」と言う奥さんがいますが、それは男性が願っていないアドバイスなのです。「私のほうがよく分かっているのよ」というふうに男性には聞こえてしまうのです。男性にとってはうるさいし、プライドが傷つくことがあるのでしょう。

③夫のありのままを受け入れない

ありのままの夫を受け入れることが、まず大事です。

夫婦がうまくいく最も基本的なスタートラインが何かというと、「今のままのあなたでオーケーです」ということです。「いや、とんでもない。今のままの夫では絶対嫌だ」という気持ちは山々かもしれませんが、まずは無条件で受け入れることです。そのような受け入れる姿勢ができたら、そこは夫にとって居心地のいい場所になるのです。

家に帰ってきて顔を合わせるたびに、夫に対してチクチクと、「あそこ変われ」「ここ変われ」「そこが気に入らない」と愚痴っぽく言う妻がいます。夫はそんな妻と一緒にいたいでしょうか？　いたくないです。だから、だんだん帰りが遅くなる。土曜日や日曜日もそそくさと出ていく。「何でまた出ていくの？」と言うかもしれないですが、実は自分が追い出しているのです。

④夫がやったことに感謝しないで不平を言う

これは女性がよくやる失敗です。日常いくらでもありますが、例えば日曜日、買い物があるとします。家財道具とかちょっと重たいものを買うとき、夫についてきてもらいたいでしょう。まず運転を頼むなど、アッシー君になってもらいます。夫は「きょうぐらい休みたいけど、まあいいや」と運転してくれます。それに対して女性の皆さんは、お礼を言いますか？　当たり前だと思っていることが多いのです。しかし、それではいけません。「ありがとう、助かるわ」と一言言うべきです。感謝してくれたら夫は嬉しいものです。

デパートで組み立て式の棚を買い、それを持って帰るとしましょう。当然奥さんは、重たい物は男性が持つものと決めている人が多いし、男性も当然これは自分が持つことになると分かっていますから、いさぎよく自分から持っていきます。でも奥さんは当たり前と思っていますから、一言もお礼を言わない。そしてやっと家に着いた。マンションのドアを開けて入ろうとしたら、ガツーンとコンクリートの角にぶつけた。その途端に奥さんが振り向いて、「何やってるのあんた。買ったばかりなのに、壊れるじゃないの！」。これではお父さんは立つ瀬がありません。

「まだ運んでやったお礼も言ってもらってないんだぞ‼」と言いたいわけです。

言葉では男性は女性に勝てないので、夫はいちいちそういうことを言うこともなく、ムカッと来て物も言わずにさっさと出て行ってしまう。

だから男性がやってくれたことを当たり前と思わないで感謝することです。入ろうとしたら、夫がドアをパッと開けてくれた。それだって「ありがとう」と一言言うべきだし、着いたら「ありがとう、助かったわ」「重たかったでしょう、あなたが一緒に来てくれて助かったわ」と一言言えば、夫は「フムフム、じゃあ、この次もまた手伝ってあげよう」という優しい気持ちになります。それをお礼もなしに文句だけ言われたら、「二度と行ってやるもんか」という気持ちになるのは当然です。

⑤子供に言うように夫の行動を叱ったり指示する

お母さんは子供に対して、「こら、何やってんのあんた！」と言うことに慣れてしまっています。つい同じ調子で旦那さんに対してもガミガミ怒ってしまう。こうなりやすいのです。しかし、夫と子供とでは立場が違います。これは厳に気を付けなければなりません。

⑥夫が何かを主導的に決定したことを批判する

妻は一家の中での夫の主導権を認めなければなりません。一家の最終的責任者はお父さんなんだと、ちゃんと認めてあげなければなりません。賢い奥さんは、実際には家庭のほとんどのことを根回しして、自分の思うごとくに取り仕切っているのですが、最後はぱっとその決定権を夫に持っていく。そして「じゃあ、みんなの意見はこうだったけど、お父さん、どうしますか？」とお父さんをちゃんと立てるのです。

そうするとお父さんが「うん、じゃあ、そうしよう」とか「よきにはからえ」と言うわけです。そうすると「はい、はい」とまとまります。男性のプライドは損なわれず、権威も立つ。だから子供たちの教育にいいのです。「一家の中で一番偉いのはお父さんなんだ」と基準がきちっと立ちます。

それを全然認めないで、中には子供の前でも夫と激しく言い合って、「家のことは私が一番知ってるのよ！」と主導権争いをする妻もいます。そういう家庭では父権が喪失され、家族の形がいびつなものになってしまいます。子供に良い父親像、母親像を見せることができないことは言うまでもありません。

⑦「だから言ったじゃないの」と言う

きょうは久しぶりに家族でドライブ。ところが楽しいはずのドライブが、その車の中で事件が起こることがありませんか？　ちょっとしたことから言い合いになって、険悪になって、ドライブどころではないということがあります。

だいたいお父さんがハンドルを握り、奥さんは助手席で、子供たちは後部座席というケースが多いでしょう。

運転は旦那さんに全部任せればいいのですが、特に自分が運転できる妻は、黙っておれないことが多いのです。「いや、そっちじゃないわ、こっちよ」「あなた、赤よ赤」「もっとクーラー効かして」「急ブレーキはよして」といろいろ言うのです。お父さんはいらいらして怒りっぽくなります。

妻は、頼まれもしないアドバイスをし過ぎないように気を付けましょう。

ある家庭での出来事です。会合があって、夫婦が車で向かうことになりました。

妻「早く行かなくちゃ、一時までなんだから急いで」

やがて分かれ道に差し掛かりました。

妻「左よ」

夫「いや、右がいいんだ」

妻「違うって、左がいいの」

夫「そうじゃない、こっちが近道なんだよ。おれに任せとけ！」
そして夫が右に行ったところ、途中が工事中。到着が三十分遅れてしまいました。
妻「だから言ったじゃないの‼」
夫「なにい、もうあんたが勝手に運転しろ。おれに二度と頼むな！」
こんな経験はありませんか。決定的な一言。その一言を言われた夫は「ごめんなさい」と言いますか？　男性はひどくプライドが傷付いて大喧嘩になってしまいます。
こんな時、妻は「だから言ったじゃないの‼」という言葉は禁句です。

(二)　夫がおかしやすい失敗

①妻の話に耳を傾けない

聞いたとしても上の空で聞く。夫が本気で聞いていないと察知すると、この人は自分に関心がないんだな、と妻はがっかりしてしまいます。

②妻の愚痴を聞いてすぐ怒る

夫が家に帰ると、話したいことが溜まっている妻は「PTAに行ったら、こうだったのよ」「親戚の○○がこうなのよ」と、愚痴っぽい口調で話し掛けます。夫は仕事でのストレスを抱えてやっと帰ってきたのに、帰るなり愚痴を並べられるとついカーッとして、「うるさい、おれは疲れてるんだ」と怒鳴ってしまう。奥さんは「何で最後まで聞いてくれないで怒るのよ……」と不満です。

③妻の話に同情しないで、すぐ知的に忠告しようとする

女性は自分の気持ちを理解してほしい、ただそれだけなのです。しかし、男性は「話は用件がある時するものだ」と考えるので、夫は妻が自分に話し掛けてきたら、「何か相談事でアドバイスが欲しいんだな」、あるいは「何かに困って解決策を求めてるんだな」とすぐ考えてしまうのです。だから最後まで聞かずに、「要するに、こういうことなんだろう。だったら、こう説明したほうがいいよ」「それはあんたがおかしいよ。こうすべきだよ」とすぐにアドバイスしたり、結論を出してあげようとす

る。そういう形で話を途中で折られてしまう。そうすると女性は「そんなことを聞きたいんじゃない。ただ最後まで聞いてほしいんだ」。これが女性の願いです。だからすぐに怒らないで、とにかくまず聞いてあげてください。「ああそう、それはひどいね。大変だったね」と共感し同情してあげれば、女性は嬉しいのです。

④仕事や子供ばかり優先して、妻の欲求を軽んじてしまう

これも男性が失敗しやすいことです。男性はどうしても仕事のウエイトが大きい。そうすると家に帰っても、そのことが頭から離れません。何かするとしても、子供へのサービスを優先します。こうしてついつい妻の感情や欲求を無視してしまうことになるのです。妻はどうしようもない欲求不満にイライラし、ついに家庭火山が爆発することになりかねません。

⑤話を聞いて何も言わない

妻が夫に話をしたところ、夫は聞いた後、何も言わないでさっと行ってしまった。

一生懸命話したのに、うんともすんとも言わない。分かってくれたのか、くれないのか、何も分からない。これだと妻はすっきりしないで、ずっと不満が溜まります。こんな時は必ず、一言コメントしてあげてください。「そう、お母さんも大変だったね」とか、「あんたの気持ちも分かるけど、向こうにも事情があったんじゃないかな」と一言言ってくれると、妙に納得したりします。つまり、情を受け入れてくれた上で言ってくれるから、納得できるのです。

⑥「あんたの言うことは筋が通ってない」

妻が感情的になって言ったときに、夫はイライラしてつい、「あなたが言っていることは全然筋が通ってないよ」と言うのです。男は頭で論理的に考えるから、「あんたはさっき言ったことと、今言ったことが違うじゃないか」と問い詰めたりします。すると奥さんはなおさら、「ちっとも分かってくれない！」となってしまいます。

実は、通るも通らないもないのです。もともと筋はないんですから。つまり、筋が通る通らないじゃなくて、奥さんが感情的になっている場合は、言っている言葉の端々よりも、どういう気持ちを夫に訴えたいのか、どんな情を理解してほしいのか、そういうふうな観点から受け止めてあげたほうがいいのです。共感してもらえないと、してくれるまで話が続きます。だから、早く終わってもらいたいと思う殿方は、早く共感してあげてください。

四、相手から喜ばれる態度

(一) 夫がこうしてくれると妻は嬉しい

では、どんな態度が夫から喜ばれ、妻から喜ばれるのでしょうか。

①家に帰ったら、まず妻を探して声を掛ける

夫は家に着いたらまず妻の姿を探して、「ただいま」と声を掛ける。そしてできれば「いま帰ったよ」と言って妻を軽く抱擁してあげる。

女性から見たら、そういう夫が夢です。結婚するときには、そういう夫婦の関係を夢見たでしょう。そういうのはアメリカ映画の中の話で、日本ではそういうことは無理だろうと半分諦めている人は多いのでしょうが、本当は女性の本心の中にはそうしてほしいという欲求があるのです。どのような女性でもやはりロマンチックな愛情表現を期待しているものです。

②きょう一日の妻の生活に関心を示す

「そう言えば今朝言ってたけど、病院どうだったの？」「おばさん、元気だった？」と、何でも聞いてあげるのです。そうしたら、「あ、夫は自分が話したことを覚えてくれていたんだ……」と、そこに夫の愛情を感じて、妻は嬉しいのです。

③一日に最低二十分以上は妻の話を聞く

夫はどんなに忙しくても、せめて一日に二十分間は妻の話を聞いてあげましょう。さらにいいのはただ黙って聞くだけでなく、途中で適切な質問をする、そして聞き終わったら一言コメントをする。これは話を真剣に聞いてくれていることが確認でき、女性にはとても嬉しいのです。

何も言わないで、聞いているか聞いていないか分からないというよりも、途中で、「それで、その人は何と言ったの？」とか「あなたはどう思ったの？」と質問をすると、しっかり聞いてくれているんだと感じるのです。

④話を聞いて共感してあげる

夫が聞いてあげた後、「そうだったの。あなたも大変だったねー」というふうにして同情してあげると、妻は本当に嬉しいのです。

⑤妻が話をしている時はしっかり聞く

新聞やテレビを見ながら夫は妻の話を聞いています。

「……ねえ、あなた聞いてる？」

「うん」

「うそばっかり、ちっとも聞いてないくせに」

「いや、そんなことないさ」

というような会話をしたことはありませんか。

こんな時、「ちゃんと聞いているよ」と言ったらうそでしょう。たいがい男は一度に一つのことしかできないのですから。もちろん、それでも聞いてくれないよりはいいのですが、妻から見れば、やはり嬉しいことではありません。妻が話し掛けてきたときには、新聞は閉じて、テレビは見ないでしっかり聞きましょう。

⑥一日に何度でも愛情表現をする

ある地方での講演の後、懇談会がありました。一人の奥さんが言うのです。

「先生の言われたとおりなんです。うちの夫は本当に不器用で愛情表現なんてほとんどしてくれたことがありません」

それでとうとうある時、冗談めかして夫に言ったんだそうです。

「あなた、たまには『アイ・ラブ・ユー』の一言でも言えないの？」

すると、夫は急に振り向いて真面目な顔をして、

「おととし、言ってやったじゃないか」と言ったというのです。

「もうがっくり来て、何も言う気もしませんでした」とその婦人はぼやいていました。

夫としては言ってあげているつもりなのですが、それでは女性は到底満たされません。去年も言ってほしいし、今年も言ってほしいし、今月も、今週も、今夜も何度でも愛情表現してほしいというのが女性の本心の願いです。そこには男性の考えと相当感覚の違いがあります。

⑦妻にねぎらいの言葉を掛ける

「自分は家族のために外に出て命懸けで働いているんだから、妻は家にいて家事をしたり子供の世話をするのは当たり前じゃないか」と思っている男性も多いでしょう。確かにそれは結婚生活における夫婦の基本的な役割分担です。しかし、家事や育児に協力してくれないということに対して、不満を持っている女性は圧倒的に多いのです。

婦人たちの個別相談を受けると、「夫が子供の世話や教育に協力してくれない」「家事に全く協力してくれない」という不満を持っている人は少なくありません。

だから、夫は仕事で大変だとは思いますが、気持ちだけでも協力してあげたほうが良いと思います。

私の場合、かつて妻が病気をしたということもあって疲れやすいし、仕事もしているので、台所に洗い物が山のようになっていることがあります。そういう場合、「疲れているんだな」と思ったら、食器を洗って戸棚にしまうということもあります。あるいは洗濯物を洗ったまま置いてあったら、ベランダに干すこともあります。妻が外から帰ってきて台所を見ると、「お父さん、ありがとうね」と喜んでくれます。ちょっとしたことでも手伝ってあげれば気持ちが伝わるのです。仮にそういうことまでできなかったとしても、せめて「子供のことで苦労掛けるね」とか、「いつも遅くまで大変だね」と、一言でもねぎらいの言葉があれば嬉しいのです。そうすれば夫の愛情を感じるのです。

手伝ってくれなくても、少なくとも気持ちは持ってくれているんだ、ということが伝わります。ところがそういうことを一言も言わないし、指一本触れようともしないということになると、「この人には思いやりがあるんだろうか」と妻は感じてしまうのです。

(二) 妻がこうしてくれると夫は嬉しい

①失敗した時、「心配ないわ」と言ってくれる

前にも述べたように、男性は何かに失敗した時、「何やってんの?」「だから言ったじゃないの」と言われるのが一番傷付きます。「心配ないわ」と言ってくれる妻はとてもいい奥さんです。男性が女性に願う第一の要素は「優しさ」なのです。

②夫の欠点を無理に変えさせようとしない

夫に嫌なところがあったとしても、無理に変えさせようとしないで、まずは、あるがままの夫を受け入れてくれる妻がいれば、そこは夫にとって居心地の良い家庭です。

③いつも夫に感謝する

夫の存在価値を認め、夫が仕事を一生懸命やっていることにいつも感謝を言ってく

れる妻です。特に給料袋を渡してくれたときに、妻はどのように受け取っていますか。夫は「はい！」とさりげなく渡す。かといって妻は「ああ、ありがとね」と一言言って終わり、というのはがっかりするものです。給料袋には男の家族への思いと戦いの苦労が染み込んでいることを忘れてはなりません。本当に心から感謝することです。

「いつも頼りにしているわ」
「本当に助かるわ」
「あなたがお仕事頑張ってくれるから、私たち安心して暮らせて幸せだわ」

とはっきりと言うのです。

夫がやっていることに対して価値を認め、頼りとし、感謝を伝えると、男性はものすごく嬉しいし、働きがいを感じます。

④夫をうまく立ててくれる

実際には、家庭内のことはほとんどお母さんのペースで進んでいる家庭が多いでしょう。しかし、少なくとも我が家の中心は誰であるかということは子供たちの前にはっきり教えておかなければなりません。そうしないと、男の子たちは理想の父親像を見ることができないし、女の子たちは理想の母親像を見ることができないままに成長し、やがて大人になった時に自立できなかったり、結婚した時に正しく父親、母親の立場に立てないということが起こってきます。最高裁の付属機関の報告書にもあるように、最近殺人事件を起こした凶悪犯少年の育った家庭はみな、夫婦仲が悪く、父親がほとんど影響力を持たない家庭か、逆に家族に暴力を振るう父親でした。

古くさい男尊女卑を説いているのではありません。しかし、最後は夫を必ず立てる、父親を中心にまとまる、という姿勢を取ることは正しい家族形成の上で大事なことです。

⑤子供のような茶目っ気を見せる

女性の方は意外に思うかもしれませんが、男性の願う理想の妻は、容姿が奇麗であるとか、機転が利いてしっかり者であるとかいうばかりではありません。どんなに立派な奥さんでも、強くて立派なだけでは、尊敬の対象にはなりますが、男性の愛情の対象にはなりません。やがて、一緒にいても窮屈になり、博物館にでも寄贈したいような気持ちになるかもしれません。あるいは、自分のほうが放浪の旅にでも出たくなるかもしれません。

男性から見て魅力的な女性の条件の一つに、「子供のような仕草をする」という要素があります。つまり、少女のような「茶目っ気」や、いつもニコニコしている「愛嬌」です。かわいらしい女性というのは年齢に関係ありません。超高齢の女性でも魅力的なのです。きんさん、ぎんさん姉妹があれほど人気があったのは、双子であり長生きであったからだけではありません。それは何とも言えない、あの「茶目っ気」なのです。百歳を過ぎても、茶目っ気のある人は「魅力的な女性」なのです。

もう一つ例を挙げましょう。ある日、夫婦が話をしているうちに、険悪な関係になり、夫が血相を変えて何か言いました。その時、その言葉を「大人対大人」として受け止めて、同じように妻が本気で怒ったら、もろに激突します。

ところが、夫がカーッとなって「なにぃー！」と怒鳴ったとき、奥さんが一瞬目を丸くし首をすくめて「きゃあー、こわーい！」と大げさな仕草をしたら、あるいは

「やだぁー！」と地団駄を踏んで見せたら、どうでしょう。夫はカクッと力が抜けます。それは男性から見たら愛らしい仕草です。そうして夫も「大人げなかったな……」と我に返るのです。

子供がよくするでしょう。大げさにプイッと怒って行ってしまって、アッカンベーをする。そういう少女のような仕草をできる女性がいます。そういう奥さんはとてもかわいいし、夫婦が険悪な関係になりそうになったときも、さっと笑いに変わってしまうのです。そういう一面も必要です。男性はそういう奥さんに魅力を感じるのです。いつもどっしり落ち着いていて、冗談も言わない。それは「ご立派だけど、かわいくない妻」というタイプになってしまいます。

⑥純粋に信じて頼りにしてくれる

夫に対していつも純粋に「あなたを信じてる」「頼りにしている」ということを、態度や言葉で表す妻。そういう妻は夫から見ると限りなくいとおしい妻です。

言うまでもなく、男性も女性も人間としての価値は全く同等であり、権利も完全に平等でなければなりません。しかし、男性と女性にはその能力や性質において明らかに特性があることも事実です。結婚して家庭生活が理想的に機能するには、お互いの能力的特徴を尊重していくことが不可欠の要素になります。

男性の本性的特徴というのは、「か弱い者を守ってあげたい」「自分を頼りとし、必要としてくれる者のために何かしてやりたい」という気持ちが強いことです。これが特徴です。男としての本能であり、生きがいです。だから「強いもの」よりも「弱いもの」、「でっかいもの」よりも「かわいらしいもの」に愛情が向かいます。一般的に、結婚するとき、自分より体格の大きい妻を求める男性はめったにいません。自分よりも一センチでも小さい女性を求めるでしょう。毎日妻を見上げながら暮らしたいと思う男性はあまりいません。一般的には、大きいものよりも小さいもののほうが愛しやすいのです。しかし、では体が大きいからかわいくないかというと、それだけではないのです。体も大きくていつも男と張り合うような態度という場合は論外ですが、体の大きな女性でも、その仕草とか言葉遣いとかが、優しく、茶目っ気があったり、愛らしいという人には、男性は魅力を感じるものです。

⑦夫の努力を褒める

事あるごとに夫の良いところや男らしいところを褒めてくれる。こういう奥さんがいたら最高です。愛さずにはおれないでしょう。既にお話ししたとおり、誰もが「愛されること」と「褒められること」を求めて生きていますが、特に男性は、感謝され褒められることに最高の喜びと生きがいを感じるのです。

五、終わりに

男性と女性の性質や特徴、心理的・生理的違い、そして物事に対する受け止め方、感じ方、対応の仕方まで、いかに男性と女性では違いがあるかということを詳しくお話ししました。

㈠「家庭」と「仕事」、どっちが大事？

人間には「情の分野」と「能力の分野」があります。すなわち、「家庭」と「仕事」です。我々が人生において本当に幸せを感じたいと思うなら、必ずこの二つの面において充実した成功を収めなければなりません。才能を発揮し、得意の分野で活躍し成功して、評価を受け称賛されることを、誰もが必死で求めています。しかし、たとえ何かの事業で歴史に残るような功績を挙げ得たとしても、もし彼の家庭が夫婦関係や親子関係が冷え切っていたり、分裂している状態であったとすれば、その人は寂しい惨めな晩年を過ごすことになります。やはり、家庭を完成させ、夫婦、親子、兄弟姉妹の間の愛情を成熟させるということは、人生の最後を喜びと輝きに満ちたものにしてくれます。

家庭というものは、それほど重要なものであり、家族愛を完成させるということは、仕事上で大事業を成し遂げるのと同じくらい重要な一大事業であるという価値観こそが、今最も必要とされていることではないでしょうか。

そのような理想的な家庭を形成するに当たって、最も基本的な土台は夫婦の関係です。夫婦が本当に深い愛情で結ばれ、仲の良い関係を築くことができるならば、親子の関係も、そして子供たちの兄弟姉妹関係も、必ずうまくいくでしょう。

そう考えるとき、夫婦の関係を改善し、理想の関係を築くためには、どんな代価も惜しくはないはずです。もし、私たちが仕事上の困難を克服するために払う努力や代価の半分でも、この夫婦関係を良くするために投入する決意さえあれば、どんな険悪な状態に陥った夫婦の関係でも必ず改善の道があると思います。

そのような大切な夫婦関係が破綻していく一つの大きな原因が、お互いに対する理解不足、つまり、「男性と女性の基本的な違いに対する理解不足」から生ずるのであれば、私たちが今まで学んできたような男性と女性の違いをよく理解し尊重しながら、相手が求めていることを与え合い、愛し合う努力をすれば、お互いの素晴らしさを再発見でき、今までになかった新しい夫婦の幸せが開けてくるに違いありません。

(二)　まず誰よりも妻を愛そう

最近は、子供と父親の関係が難しくなっています。二〇〇一年に発表された最高裁の家庭裁判所調査官研修所の調査報告書によると、殺人という凶悪犯罪に至った十名の少年たちについて徹底した追跡研究の結果、すべての少年たちに共通している点は、家庭で家族との情関係が複雑であること、特に、父親との関係がうまくいっていないという事実でした。その根本原因は夫婦が不仲であるということでした。彼らの父親は妻の態度にイライラしたり、カーッとするので、妻や子供に対して暴力を振るうか、あるいは子供にとってほとんど存在感のない状態か、のいずれかであったといいます。

しっかりした家庭ができ、子供たちが立派に育っていけるかどうかを見る目安は、子供たちが父親を好きになっているかどうかです。息子や娘が父親が好きで尊敬していれば、まず大丈夫です。必ずそのお子さんたちは真っ直ぐに成長していくでしょう。

なぜかと言うと、子供の父親に対する情は、実は小さい時に母親が父親に対してどう思っているかを反映して決まっていくのです。母親が夫を慕っており、尊敬していると、その言動と情的波動はそのまま子供たちに吸収されていきます。つまり、母親が夫と葛藤《かっとう》し、夫を嫌悪していた場合は、子供たちはいつしか父親のことを好きになれなくなっていきます。

夫が、妻との関係が冷えたまま、どんなに子供をかわいがっても、本当の意味で子供の情は開かないのです。そこに母親の大きな影響力があります。特に乳幼児期は、子供はほとんどの時間を母親と一緒に過ごすのですから、母親が父親のことを愛しているかどうかが大きく影響します。だからこそ、結局、父親は子供を愛する以上に、まず妻を愛してあげて、妻が夫を好きになるようにしてあげることが最も大切であるということになります。

もちろん、妻のほうにも大きな責任があります。最近は、女性が強くなり過ぎて、男と張り合い、優しさや謙虚さを失っています。そのため、男性にとっては非常に愛しにくい状態になっています。女性の傲慢な言動に接すると、男性は非常な嫌悪感を感じて愛情がたちまち冷めていくようになっているからです。ですから、男性から見て愛したくなるように、女性らしい優しさをいかに備えるかが妻にとっての最重要課題です。

とはいえ本来的には、やはり夫が愛の出発点です。夫が妻を愛すると、豊かな情で妻が子供を愛せるようになり、そうすると子供たちが父母を慕い愛するようになり、また兄弟姉妹も互いに愛するようになります。こうして愛の回転運動が始まります。

結局、家庭という機関が夫婦の愛、親子の愛、兄弟姉妹の愛というすべての形でフル回転を始めるその最初の原動力としての愛は、一家の中心たる父親、夫から始まるのが一番理想的であることが分かります。

「うーん、男はつらい！」

でも、仕方がありません。奥さんから慕われるように、しっかり奥さんを愛する以外にありません。

(三) 愛の手紙

最後に、「愛の手紙」です。巻末に「愛の一言メモ便箋」を付けておきますから、きょう、ぜひ書いてみましょう。お互いに日頃面と向かっては言えない自分の気持ちを文章にしてみましょう。済まないと思っていることを「ごめんなさい」と、ありがたいと思っていることを「ありがとう」と素直に書いてみましょう。そして伴侶に対して心にある愛の言葉を一行でも表現してみましょう。それを明日の朝出勤の時にでも、妻から夫へ、あるいは夫から妻へ、そっと渡してあげて下さい。その日から、新しい何かが始まることは間違いありません。

【参考文献】

『人口動態統計報告書』厚生労働省
『離婚に関する統計』厚生労働省
『人口統計資料集・一九九九年版』国立社会保障・人口問題研究所
『人口動態統計』厚生省大臣官房統計情報部
『読売新聞』二〇〇一年二月十六日付
『サンデー世界日報』二〇〇一年十月二十二日号
『二〇〇三年日本国破産・対策編』浅井隆著、発行所 第二海援隊
『教育と家庭をどう再建するか―米国からの提言―』国際シンポジウム実行委員会
『資料「男女の差異と夫婦の関係」』鮮文大学教授・呉奎榮著
『男と女の脳をさぐる』順天堂大学教授・新井康允著、発行所 東京図書
『話を聞かない男・地図を読めない女』アラン・ピーズ／バーバラ・ピーズ著、発行所 主婦の友社

解説

親業訓練協会常務理事・スクールアドバイザー　江畑春治

教育の荒廃が叫ばれて久しい世相の中で、本書は子供たちの健全な成長の阻害要因となる家庭崩壊を防ぐには夫婦関係の改善以外にないと思われ、「見える物へのこだわりを捨て、心を見直し確かな心の目を育てる」という極めて示唆に富んだ内容の良書です。

現在の家庭教育を通じて思うことは、愛情を感じないまま育った子供の共通するところは、感情の制御ができず、幼児性が残り、自己中心的で共感性に乏しく不登校の原因が人間関係の不器用さに影響されていることは事実のようです。

また、教育熱心で愛情の深い両親に恵まれていると思われる家庭でも凶悪で悲惨な事件がいまだにあとを断たず、その背景をみると、子供の将来に期待をかけすぎる親の自己愛が往々にして子供に不信感を抱かせ反抗の原因になるという見えない怖さの部分があり、どこの家庭でも起きる可能性を残していることです。

こうした背景には、知識に偏り、記憶に頼る心の教育を無視した偏差値教育の弊害によることが多く、よかれと思う自己愛にこだわる傾向が夫婦の間にも浸透しているので、著者は成熟した夫婦の愛の必要性を強く感じたようです。

よき夫婦は子どもにとってはよき両親であり、情操を豊かに育てる役割を果たすことのできるのは両親だけで、子どもは親の心を演ずる名優ともいわれています。

愛情に包まれて育った子どもは共感性が豊かで協調性もあり両親に対する愛情も深く友達関係も良好で相手のありのままを受容すること、愛情を感じさせる真の愛を夫婦の関係最善を求めたことは、自己愛から真の愛への画期的な転換を必要とするという時代に即した見識の深さと洞察力によるものです。

男性と女性の特徴や心理的生理的な違いを理解し合うことを優先課題とすることは、夫婦の関係改善の基本であり、夫婦の間に真の愛を求め、お互いを理解し合い、愛情を深め合い、お互いに学び合う教育風土を根付かせるという内容は、極めて有効かつ貴重な提言です。

中でも、夫が常に妻の心を満たす愛の出発点とする発想は、子育ての原点を母親の愛情に求めることであり、極めて次元の高い理念で「ために生きる」体験無くしては見いだせないものです。

先人の言葉に「乳児は肌を離すな幼児は肌を離しても手を離すな少年は手を離しても目を離すな

青年は目を離しても心離すな」とあるように、子どもを心に掛けて育てることが子どもの父母に対する愛情を深くし、兄弟姉妹も共感性の豊かな真の愛が身につけることができるのです。

本書は、幸せに生きるための最大の環境は真の愛であるという意識の変革を求め、出会いを通じてお互いに心を共に学び合い、夫の愛を出発点とする夫婦の関係の基本である真の愛を根付かせるための必読書として、極めて有効であり貴重な資料の提供です。

発刊に寄せ、謹んで賛意を表します。

愛の手紙

［著者略歴］

松本雄司（まつもと　ゆうじ）

1947年、大分県生まれ。中央大学法学部卒業。

会社役員、団体役員等を歴任。その傍ら、子供の教育、結婚問題、家庭問題の研究とカウンセリングにあたる。子供たちの健全な成長の阻害要因となる家庭崩壊を防ぐのは夫婦関係の改善しかないとの気持ちから、私設研究機関「家庭と未来研究所」を設立。特に、家庭再建運動に力を注いでいる。明快でなごやかな中にも夫婦仲改善の秘訣を的確に話す「夫婦セミナー」や「女性のための理想家庭講座」は特に定評がある。これから結婚しようとする若者から老夫婦に至るまで、幅広い層に対する講演を全国で行っている。

現在、家庭と未来研究所 所長。

著書：『二人で学ぶ　うまくいく夫婦仲の法則」』『夫婦愛を育てる16のポイント』（共に光言社）

「家庭と未来研究所」のご案内

電話：097－544－0798

E-mail：ymatsu@axel.ocn.ne.jp

〔業務内容〕

- 夫婦関係の改善に関する相談
- 家庭問題全般に関する相談
- 諸団体·会社·サークル・PTA等での講演、研修
- カップルセミナー（夫婦で参加）
- 女性のための理想家庭講座
- 男性のための理想家庭講座

男女の違いと夫婦の関係

ほめられたい夫　愛されたい妻

2003年6月20日　初版発行
2019年3月30日　第4刷発行

著　者　松本雄司

発　行　株式会社　光　言　社
〒150-0042 東京都渋谷区宇田川町37-18
TEL.03-3467-3105

ISBN978-4-87656-108-7

2010000135327